WER NICHT GERN TRAKTOR FÄHRT, MUSS NICHT BAUER WERDEN

14 PORTRÄTS VON STIFTINNEN UND STIFTEN AUS DER SCHWEIZ

Texte von Ursula Binggeli, Frank von Niederhäusern,
Bruno Rauch, Karl Wüst und Judith Wyder

Vorwort von Rudolf Strahm

Fotografien von Ennio Leanza / Keystone

Limmat Verlag
Zürich

Im Internet
› Informationen zu Autorinnen und Autoren
› Hinweise auf Veranstaltungen
› Links zu Rezensionen, Podcasts und Fernsehbeiträgen
› Schreiben Sie uns Ihre Meinung zu einem Buch
› Abonnieren Sie unsere Newsletter zu Veranstaltungen und Neuerscheinungen
www.limmatverlag.ch

Das *wandelbare Verlagsjahreslogo* des Limmat Verlags auf Seite 1 stammt aus dem Büchlein «So schreibt man … Illustriertes Wörterbuch» aus dem Jahr 1962, herausgegeben und illustriert von Rudolf Blöchlinger im Verlag Arbeitskreis für ganzheitliche Unterrichtsgestaltung, St. Gallen: «Wird dir im *Meer* der Wörter bang, / dann frag von jetzt an nicht *mehr* lang. / Benutz' dies Buch mit sicherm Griff: / So schreibt man *schief* und so das *Schiff!*» Die wiedergegebene Zeichnung illustriert «die Musse».

Umschlagbild von Ennio Leanza / Keystone
Typographie und Umschlaggestaltung von Trix Krebs

ISBN 978-3-85791-691-5

INHALT

DIE BERUFSLEHRE IST ÜBERLEGEN

von Rudolf Strahm

So etwas ist aussergewöhnlich: Die vierzehn Porträts im vorliegenden Buch werfen für einmal Blicke in die Welt der Lehrlinge. Von studentischem Leben und akademischen Karrieren lesen wir täglich. Doch die Welt der Berufsbildung wird verkannt. Viele Akademiker wissen nicht genau, was eine Berufslehre ist. Und Medienleuten erscheint die komplexe Welt des Berufsbildungssystems wie eine Blackbox, obschon die Berufslehre von grösster Bedeutung und Verbreitung ist. Denn in der deutschen Schweiz beginnen zwei Drittel der Jugendlichen ihre Berufskarriere mit einer dualen Berufslehre. Dual heisst: Eine Kombination aus betrieblicher Ausbildung und dem Besuch einer Berufsfachschule.

Wir kennen in der Schweiz zweihundertdreissig zertifizierte, vom Bund anerkannte Berufsabschlüsse mit einem eidgenössischen Fähigkeitszeugnis EFZ. Und in der höheren Berufsbildung gibt es über fünfhundert anerkannte Abschlüsse. Unser Berufsbildungssystem verkörpert in seiner Gesamtheit ein komplexes und leistungsfähiges Institutionengefüge zur Berufsintegration. Darüber hinaus ist es ein Wohlstandsmotor, der die Schweiz trotz hoher Löhne und Preise im internationalen Wettbewerb bestens positioniert.

WERTSCHÄTZUNG FÜR DIE PRAKTISCHE INTELLIGENZ

Lesen Sie die vierzehn Lehrlingsporträts, und Sie werden erstaunt sein über die Vielfalt der Berufe und vor allem auch über die Kompetenzen, Fertigkeiten und Fachkenntnisse, die jeder dieser Berufe von den Lernenden erfordert.

Welche Vielfalt weisen in diesen Berufen die nichtschulischen Fähigkeiten auf! Da braucht es handwerkliche Fingerfertigkeit oder ein Flair für technisches Vorstellungsvermögen und Arbeiten. Der Seilbahn-Mechatroniker sagt: «Man muss schon ein wenig angefressen sein von Technik». Oder es braucht Präzision beim Uhrmacher und in fast allen technischen Berufen. Oder es ist Kreativität «zwischen Kunst und Handwerk» gefragt, wie es die Theatermalerin beschreibt. In anderen Berufen wiederum ist emotionale Intelligenz und Sozialkompetenz vorrangig. In allen Berufen jedoch braucht es Exaktheit, Zuverlässigkeit, Verantwortungsbewusstsein, Termintreue.

Alle diese Kompetenzen gehören zur «praktischen Intelligenz». Auf schulischem Weg sind diese Qualitäten nicht erlernbar. Sie können nur in der Praxis entwickelt, vervollkommnet und geprüft werden. Rein schulische Bildungsgänge können die praktische Intelligenz nicht prüfen und nicht bewerten. In der Berufslehre jedoch gelten sie in der Notengebung neben dem Fachwissen als matchentscheidend.

Viele akademisch Gebildete wissen nicht genau, was praktische Intelligenz bedeutet. Praktische Intelligenz ist «die Fähigkeit, Fachwissen auch anwenden zu können», wie es die Freiburger Psychologieprofessorin Margrit Stamm definiert. «Hohes Fachwissen allein führt noch nicht zu einem hohen Expertisierungsgrad, sondern nur zusammen mit der Fähigkeit, es auch anwenden zu können».

Die Berufsbildung kombiniert beides: schulisches Fachwissen mit Transferkompetenz in die Berufspraxis. Sie kommt dem Pestalozzi-Bildungideal, nämlich Entwicklung von «Kopf, Herz und Hand» , näher als das heutige Bildungssystem mit der rein schulisch-kognitiven Selektion.

Es gibt intelligente Jugendliche, die zwar gute schulische Fähigkeiten besitzen, aber einseitig begabt sind: zum Beispiel junge Männer und Frauen, die mathematisch begabt sind, mit den Sprachen aber auf «Kriegsfuss» leben und hier konstant schlechte Noten produzieren. Sie scheitern beim Einstieg ins Gymnasium, weil die Examen stark sprachlastig sind. Mit der Berufslehre jedoch haben sie die Chance zu einer glänzenden Berufskarriere. «Kluge Köpfe – goldene Hände»: So beschreibt Margrit Stamm die überdurchschnittlich begabten Lehrlinge in der Berufsbildung.

Es gibt auch Jugendliche, die durchaus zum vollschulischen Bildungsweg des Gymnasiums befähigt wären. Aber mit sechzehn sind sie schulmüde, möchten «etwas Praktisches tun», möchten sich mit Technik, mit Materialien oder mit Menschen befassen, und nicht weiter mit Schulstoff. Manchmal quälen sie sich dennoch durchs Gymnasium und werden unglücklich. Etwa 15 Prozent der Gymnasiumsschüler(innen) steigen aus und wechseln zu einer Berufslehre.

BERUFSLEHRE ALS WICHTIGSTES INTEGRATIONSMODELL

Mehrere Lehrlinge, die in diesem Buch beschrieben werden, haben einen Migrationshintergrund oder, wie zum Beispiel im dreisprachigen Kanton Graubünden, eine fremdsprachliche Herkunft. Für sie alle ist die Berufslehre eine exzellente Chance zur Integration. Denn in der Schweiz läuft die Integration über den Arbeitsmarkt. Wer einen Beruf ausübt, gilt als integriert. Und umgekehrt, wer sich gesellschaftlich integrieren will, schafft dies über den Arbeitsmarkt. «In dr Schwyz muesch Lehr mache, sunsch bisch nüt», sagt eine hier lebende Frau aus dem Balkan zu ihrem frisch zugewanderten Neffen.

Viele Eltern aus Südeuropa und aus dem Balkan, wo die Berufslehre nicht bekannt, haben Mühe mit dem schweizerischen Berufsbildungssystem. Sie erwarten insgeheim von ihren Kindern, dass sie zur Universität gehen und Doktor(in) werden. Und die Jugendlichen träumen davon, Profi-Fussballer oder Model zu werden. Es braucht sehr viel Anstrengung der Berufsberater, der Coaching Personen und der Verantwortlichen des Case Management, um die Jugendlichen in eine geeignete Berufsausbildung zu führen. Die Berufsberater(innen) und die Oberstufenlehrpersonen sind die wichtigsten, ja entscheidensten Scharnierfiguren zwischen Schule und Arbeitswelt.

Blicken Sie mal in die Vorstädte von London, Manchester oder Rom, in die Banlieus von Paris, wo die Mehrheit der Bewohner aus Eingewanderten besteht. Die Hälfte der Jugendlichen oder mehr haben keine nachschulische Ausbildung und keine Jobs. Oder sie haben sogar die schulische Sekundarstufe II (Baccalauréat, Liceo, GCE A-Level) abgeschlossen, kommen danach aber nicht weiter zur Tertiärausbildung auf der Hochschulstufe. Für diese Jugendlichen «zwischen Stuhl und Bank» gibt es dort keine Möglichkeit einer Berufslehre, einer berufspraktischen Qualifizierung, es gibt bloss ein On-the-Job-Training zum Hilfsarbeiter. Demgegenüber bietet die schweizerische Berufslehre auch Migrationsjugendlichen, schulisch Schwächeren und Schulmüden eine berufliche Qualifizierung.

DUALES BERUFSBILDUNGSSYSTEM IST ARBEITSMARKTLICH ÜBERLEGEN

Nur fünf Länder in Westeuropa kennen ein duales Berufsbildungssystem mit einer Berufslehre: die Schweiz, Österreich, Deutschland, Holland und Dänemark. Die angelsächsischen und lateinischen Länder kennen das duale Berufsbildungssystem nicht. Auch Finnland kannte bisher die betriebliche Berufslehre nicht.

Diese Berufsbildungsländer haben permanent eine signifikant tiefere Jugendarbeitslosigkeit als die anderen Industrieländer mit nur vollschulischen Bildungsgängen. Die Jugendarbeitslosigkeit ist der wichtigste Indikator für die Arbeitsmarktfähigkeit eines Bildungssystems. Mitte 2012 verzeichnete Eurostat für die EU insgesamt eine Jugendarbeitslosenquote von 23 Prozent. Frankreich hatte 23 Prozent, Italien 36 Prozent, Griechenland und Spanien sogar über 50 Prozent registrierte arbeitslose Jugendliche. Dagegen hatten die Berufsbildungsländer Deutschland, Österreich, Holland, Dänemark und die Schweiz Jugendarbeitslosenquoten von deutlich unter 10 Prozent. Die Schweiz als Spitzenreiterin verzeichnete Mitte 2012 bloss 2,6 Prozent arbeitslose Jugendliche. Dieser Wert schwankt zyklisch zwischen 3 und 5 Prozent im Jahresverlauf. Im Spätsommer steigt er nach dem Schul- und Lehrabschluss vorübergehend an und fällt dann in den folgenden Monaten zurück.

Finnland ist mit seinem sehr guten Schulsystem das Musterland bei den Pisa-Tests. Doch trotz guten Schulen verzeichnet es eine Jugendarbeitslosenquote von 19 Prozent. Das Land kannte bislang das Dualsystem nicht und ist jetzt daran, eine Art betrieblich-schulische Lehre einzurichten. Auch die Organisation for Economic Cooperation and Development (OECD), die lange Jahre die Berufslehre ignorierte und gar nicht als Bildungsgang statistisch erfasste, empfiehlt heute mit dem offiziellen Bericht «Lernen für die Arbeitswelt» (2010), eine Art praxisbezogene Berufsausbildung einzuführen. Dort, wo die Berufslehre historisch nicht verankert ist, ist eine Einführung des dualen Bildungssystems kaum möglich – zumal die Eliten traditionell auf ihr akademisches System der Universitäten versessen sind.

BERUFSBILDUNGSSYSTEM IST DIE WICHTIGSTE ARMUTSPRÄVENTION

Aus den internationalen Vergleichen zur Employability (Arbeitsmarktfähigkeit) lässt sich eindeutig das Fazit ziehen, dass die Berufsbildung bezüglich Arbeitsmarktintegration klar überlegen ist. Diese Kluft findet man auch innerhalb der Schweiz zwischen den deutschsprachigen und den lateinischsprachigen Landesteilen. Die deutsche Schweiz hat mit ihrer viel stärkeren Verwurzelung der Berufsbildung ständig markant tiefere Arbeitslosen- und Jugendarbeitslosenquoten als die Westschweiz und das Tessin. Ich habe dies auch mit statistischen Korrelationstests nachgewiesen (Rudolf H. Strahm: Warum wir so reich sind, Bern 2010).

Zusammenfassend lassen sich folgende Aussagen machen: Wer in der Schweiz eine Berufslehre absolviert hat,

verdient anfänglich mindestens 1000 bis 1500 Franken pro Monat mehr als Ungelernte

unterliegt einem dreimal kleineren Risiko, arbeitslos zu werden

unterliegt einem zweieinhalbmal kleineren Risiko, Sozialhilfebezüger zu werden

bewältigt den technologischen Wandel und den Strukturwandel im Zeichen der Globalisierung besser

und hat persönlich mehr Möglichkeiten zur Weiterbildung und zur beruflichen Karriere.

Die mangelnde Ausbildung ist heute das Armutsrisiko Nummer eins. Und daraus folgt, dass die Anstrengungen zur Berufsbildung und Berufsqualifikation das wichtigste Instrument zur Armutsprävention darstellen. In der Sozialhilfepraxis hat sich diese Erkenntnis noch nicht überall durchgesetzt.

DIE KMU-WIRTSCHAFT IST WICHTIGSTER AUSBILDUNGSTRÄGER

Über 70 Prozent aller Lehrstellen in der Schweiz werden von kleinen und mittleren Unternehmen (KMU) gestellt, namentlich auch vom Gewerbe. Hinzu kommen die traditionellen schweizerischen Konzerne im Service public Bereich (Post, Swisscom, Bahnen) und die traditio-nellen Schweizer Industriekonzerne (ABB, Sulzer, Saurer, Novartis, Roche), während in neuen Berufen (Informatik, Freizeit, Lifestyle) zu wenig Lehrstellen vorhanden sind und ausländische Firmenniederlassungen wenig zur Ausbildung beitragen.

Das Gewerbe und die weitere KMU-Wirtschaft erbringen eine riesige Leistung der Berufsintegration in der Schweiz. Gewiss, sie sind interessiert am Ausbildungswesen und sie erhalten durch die produktive Leistung der Lehrlinge im dritten und vierten Lehrjahr meist auch eine Entschädigung. Gesamthaft haben sie durch die Armutsprävention und die arbeitsmarktliche Integration der Jugendlichen mit Migrationshintergrund eine entscheidende kostenmindernde Funktion. Indirekt ist dies ein Beitrag zur ausgeglichenen Einkommensverteilung in der Schweiz.

Neben der Berufslehre, die zum schweizweit anerkannten eidgenössischen Fähigkeitszeugnis EFZ in zweihundertdreissig Berufen führt, gibt es für schulisch schwächere Jugendliche auch die berufliche Grundbildung mit Attest, die in zwei Jahren abgeschlossen werden kann. Diese Differenzierung erlaubt eine kompetenzgerechte Beratung und Zuweisung zu den Ausbildungsgängen.

KEIN ABSCHLUSS OHNE ANSCHLUSS

Die Berufslehre hat bei Jugendlichen und in der Wirtschaft an Prestige gewonnen. Aber die Reputation der Berufsbildung hinkt gegenüber dem Gymnasium immer noch hintennach. Wir wissen von «Kampfeltern», die mit Hilfe von Rechtsanwälten und Notenrekursen für den Zugang ihrer Sprösslinge ins Gymnasium kämpfen, weil sie aufgrund früherer Erfahrungen das Gefühl haben, das verpasste Gymnasium sei die verpasste Chance für eine beruflich erfolgreiche Zukunft.

Das Berufsbildungssystem hat sich in den letzten zehn, fünfzehn Jahren gewaltig verändert. Die verbesserte Durchlässigkeit erleichtert heute den Berufsaufstieg. Bei allen Bildungsstufen gilt das Prinzip: «Kein Abschluss ohne Anschluss.»

Wer eine drei- oder vierjährige Berufslehre mit einem eidgenössischen Fähigkeitszeugnis EFZ absolviert, kann die Lehre mit einer Berufsmaturität verbinden – oder diese in einem Jahr nachholen. EFZ und Berufsmaturität erlauben einen prüfungsfreien Eintritt in eine Fachhochschule, die wie die Universitäten in der Bildungslandschaft auf der Stufe Tertiär A angesiedelt sind.

Die Fachhochschulen sind im Vergleich mit den Universitäten «gleichwertig, aber andersartig». Andersartigkeit bedeutet praxisbezogener und anwendungsorientierter. In aller Stille hat der Arbeitsmarkt gekehrt und begehrt heute in den meisten Fachbereichen die Fachhochschulabgänger mehr als die Universitätsabsolvent(innen). Und die Saläre der FH- und der Uni-Absolvent(innen) haben sich praktisch angeglichen.

Wer eine Berufslehre absolviert hat, hat noch eine weitere Möglichkeit der Berufskarriere: die höhere Berufsbildung. Dieses System der Stufe Tertiär B (B wie Beruf) wird oft verkannt, obschon mit 30 Prozent eines Jahrgangs ebenso viele Personen eine Tertiär B-Weiterbildung abschliessen wie die 30 Prozent Universitäts- und Fachhochschul-absolvent(innen). Zur höheren Berufsbildung gehören die Höheren Fachschulen (Technikerschulen, Diplomschulen; früher waren es die Meisterkurse). Dazu gehören auch die höheren eidgenössischen Berufsprüfungen und Fachprüfungen, die zu höchster Berufsspezialisierung führen.

Wer eine gewerblich-industrielle Lehre absolviert hat, kann über die höhere Berufsbildung Techniker, Betriebsleiterin oder Fachspezialist werden. Wer eine kaufmännische Lehre macht, hat zahlreiche Möglichkeiten der höheren Berufsbildung zur Treuhandexpertin, zum Controller oder zum Wirtschaftsprüfer. Im Gesundheitsbereich wird man an der Höheren Fachschule zur Fachfrau Operationstechnik, zum Ergotherapeuten oder zur Physiotherapeutin, um nur wenige Beispiele zu nennen, ausgebildet.

Das Ausbildungssystem der höheren Berufsbildung ist meist privat oder verbandlich organisiert. Die Bildungsgänge müssen zu grossen Teilen privat oder von den Arbeitgebern bezahlt werden. Insgesamt gibt es über fünfhundert Abschlüsse der höheren Berufsbildung mit sehr unterschiedlichen Titeln, die meist nur in der Branchenszene bekannt sind. Ich kämpfe seit langem für eine bessere Anerkennung und Aufwertung dieser Titel. Es wäre wünschenswert, dass für die Abschlüsse der höheren Berufsbildung die Titel des «Professional Bachelor» und des «Professional Master» zusammen mit der genauen Berufsbezeichnung verleiht werden würden.

DIE KONKURRENZFÄHIGKEIT KOMMT VON DER BERUFSBILDUNG

Das System der höheren Berufsbildung ist heute das wichtigste Transmissionssystem für neue Technologien und modernste Prozesse in der Wirtschaft. Durch Weiterbildung in den Höheren Fachschulen und höheren Berufs- und Fachprüfungen können sich auch Dreissig- und Vierzigjährige spezialisieren und zu Mitgliedern des Kaders ausbilden lassen. Dies bedeutet, dass die gesamte Wirtschaft von hoher Anpassungsfähigkeit und Wettbewerbskraft profitiert.

Trotz hoher Löhne und Preise in der Schweiz ist unsere Industrie und KMU-Wirtschaft in der Weltwirtschaft konkurrenzfähig. Wir haben die weltweit höchste Industrieproduktion pro Kopf, auch die höchste Pro-Kopf-Produktion der Maschinenbranche. Mit den angeblich «gefährlichen», weil konkurrenzfähigen Ländern Ostasiens (China, Indien, Südkorea, Taiwan, Philippinen, Malaysia) erwirtschaften wir Jahr für Jahr einen Handelsbilanzüberschuss, das heisst: Wir können trotz hoher Löhne und Preise mehr exportieren als wir importieren.

Natürlich braucht es ständige Innovationen und gute Ingenieure, aber es braucht eben auch qualifizierte Berufsleute, die zu höchster Präzision, zu Nischenproduktion, zu massgeschneiderten Lösungen und neusten Technologien und zur termingerechten Ablieferung befähigt sind. Genau diese Stärken sind der grosse Gewinn unseres Berufsbildungssystems.

FRANÇOISE SCHMID, KAMINFEGERIN IM DRITTEN LEHRJAHR, STEHT IM AARGAUISCHEN RUPPERSWIL TÄGLICH VOR NEUEN HEIZUNGSANLAGEN UND NEUEN KUNDEN. MIT VIEL WISSEN UND EINER PORTION CHARME MEISTERT SIE AUCH HEIKLE SITUATIONEN. IN IHRER FREIZEIT SPIELT SIE SCHLAGZEUG.

Von Ursula Binggeli

Wie war das, als Françoise Schmid sich zu Beginn des dritten Lehrjahrs als Kaminfegerin zum ersten Mal ohne Begleitung auf den Weg zur Kundschaft machte? «Ou!», sagt sie spontan, und darin schwingt alles mit, was sie damals empfand: Stolz, Freude, Aufregung, Anspannung.

An jenem Morgen setzte sie sich ans Steuer eines der Kaminfegerautos ihres Lehrbetriebs, startete den Motor und fuhr los, um erstmals einer Heizungsanlage ganz alleine gegenüberzutreten. Ein grosser Augenblick. Sehr speziell sei es gewesen, erzählt die Neunzehnjährige. «Es kam mir komisch vor, plötzlich selber Chefin zu sein und mir die Zeit selber einzuteilen.»

Fünf Heizungen standen an jenem ersten Solo-Tag auf dem Programm, drei am Morgen, zwei am Nachmittag. So hatte sie genügend Zeit zur Verfügung, um in Ruhe auf eigene Faust den Arbeitsablauf vor Ort zu gestalten und sich mit den verschiedenen Heizungsmodellen auseinanderzusetzen. Nach der Lehrabschlussprüfung wird Françoise nun täglich bei sieben Kunden vorbeigehen.

GEFRAGT: FINGERSPITZENGEFÜHL

In den zwölf Aargauer Gemeinden, für welche ihr Lehrbetrieb zuständig ist, finden sich von Haus zu Haus ganz unterschiedliche Modelle von Öl- und Holzheizungen, Herden und Cheminées. Einen Kamin, in den man wie in alten Zeiten zum Reinigen ganz hineinschlüpfen muss, hat es zwar nur noch einen einzigen darunter, und diesen knöpft sich Lehrmeister Kurt Fischer jeweils selber vor. Doch auch die jüngeren Generationen von Heizungen bergen mit ihren vielen technischen Varianten Herausforderungen für die Kaminfegerin.

Jede Anlage muss sie sich zuerst einen Moment lang ruhig anschauen können: Was hat sie für Eigenheiten? Wo gehen die Abgase durch? Dieser Augenblick der Konzentration ist wichtig für den Verlauf der Arbeiten. «Man muss den Aufbau einer Heizung verstehen, damit man sie richtig putzen kann. Jedes Modell hat seine eigenen Finessen, auf die man achten muss, damit es gut kommt», sagt Françoise.

Eine Kaminfegerin benötigt nicht nur technisches Wissen, sondern auch Fingerspitzengefühl. Ein Heizungsdeckel muss stets behutsam entfernt werden, mit dem richtigen Dreh, im richtigen Winkel. Wenn er klemmt, darf nicht einfach daran gerissen werden, sonst gehen unter Umständen teure Bestandteile des Ofens kaputt. Und wenn Françoise mit der Fiberglasrute den Kamin reinigt, muss sie den winzigen Ruck spüren, den es gibt, wenn die Rute oben ins Freie tritt. Verpasst sie ihn, spickt sie mit der Rute möglicherweise den Hut herunter, der auf dem Kamin thront.

MIT ANSTAND UND CHARME

Fingerspitzengefühl braucht es auch im Umgang mit den Kundinnen und Kunden. Denn auch wenn ihrer Zunft nachgesagt wird, sie bringe Glück, so wird Françoise doch nicht überall gleich freundlich empfangen, wenn sie an der Türe klingelt und Einlass begehrt - obwohl sie ihr Kommen vorgängig immer mit einer Karte ankündet. «Es gibt viele Leute, die ganz offen sind, bei denen man am Schluss gar einen Kaffee offeriert bekommt. Das ist immer schön. Aber es gibt daneben welche, bei denen es nicht so einfach ist.»

Oberstes Gebot sei für sie, immer den Anstand zu bewahren, komme was da wolle. Und manchmal, sagt sie mit spitzbübischem Lächeln, setze sie auch ganz gezielt ihren Charme ein, um eine Situation zu entschärfen.

Mittlerweile fühlt sich Françoise in ihrem Job genügend sicher, um die Kundinnen und Kunden mit ihren Eigenheiten interessant zu finden. «Es gibt so viele verschiedene Charaktere, das ist wirklich spannend.» In der Regel wisse sie sofort, gleich nachdem sie den Fuss ins Haus gesetzt habe, ob es locker zugehen werde oder nicht. «Wir Kaminfeger müssen nicht nur die Technik kennen, sondern auch die Menschen.»

Es kommt gelegentlich vor, dass jemand fragt, ob sie als Frau denn überhaupt eine Heizung reinigen könne. Meistens freuen sich die Leute aber, wenn eine junge Frau vor der Tür steht, von Kopf bis Fuss schwarz gewandet, Stahlkappenschuhe an den Füssen, Handwischer, Russerli und Kratzeisen in den Zunftgürtel gesteckt. «In meinem Beruf sind die Frau-

en am Kommen», sagt Françoise selbstbewusst. In ihrer Berufsschulklasse sind die Männer zwar noch klar in der Mehrheit, aber im Lehrbetrieb stellen die Frauen derzeit drei der sieben Mitarbeitenden.

KEIN JOB FÜR MORGENMUFFEL

Der Arbeitstag von Françoise beginnt punkt sieben Uhr morgens. Dann brechen die Mitarbeitenden des Kaminfegergeschäfts Fischer auf zu den Kunden, die roten Kaminfegerautos fahren in alle Richtungen davon, um erst für die Mittagspause wieder in die Werkstatt zurückzukehren. Eigentlich sei sie keine Frühaufsteherin, sagt Françoise. «Ich bin eher der Typ Eule, sprich nachtaktiv.» Wenn der Wecker um halb sechs klingelt, würde sie sich jeweils gerne nochmals auf die andere Seite drehen.

Auf der Fahrt von Seon im Aargauer Seetal, wo sie zusammen mit Eltern und Geschwistern lebt, ins sieben Kilometer entfernte Rupperswil, wo ihr Lehrbetrieb liegt, freut sie sich dann aber am Morgenrot und am Wechsel der Jahreszeiten. Im Winter, wenn es auf dem Hin- und Rückweg Nacht ist und sie den ganzen Tag über in finstere Öfen gespäht hat, fehlt es ihr manchmal schon ein bisschen an Licht. «Aber wenn man die Arbeit gerne hat, ist das nicht so schlimm.»

Wenn Françoise über ihren Beruf spricht, tut sie das mit Stolz. Eine Kaminfegerin trägt viel Verantwortung, sie reinigt die Heizungen und Kamine nicht nur, sondern ist auch für die sogenannte «schwarze Feuerschau» besorgt: Sie kontrolliert, ob bei den Heizungsanlagen alle Brandschutzvorkehrungen eingehalten sind. Und sie prüft, ob technisch alles zum Besten steht oder ob zum Beispiel eine Dichtung ausgewechselt werden oder der Heizungsmonteur gerufen werden muss. Mit ihrer Arbeit kann Françoise den Schadstoffausstoss der Anlage reduzieren und Brände und Explosionen verhindern.

FREUDE AM ZUPACKEN

Im Laufe eines Arbeitstages wuchtet Françoise Heizungsteile und Arbeitsgeräte umher, sie kniet viel am Boden, sie steigt auf Leitern, sie bürstet und kratzt mit voller Kraft. Körperliche Arbeit macht ihr Freude. Sie habe schon immer gerne zugepackt, sagt sie. «Als Kind habe ich meinem Grossvater jedes Jahr beim Heuen geholfen.» Die Erinnerungen daran sind schön. Wenn ein Fuder geladen war, setzte sich Françoise für die Fahrt zur Scheune immer zuoberst darauf, mitten in die knisternden, duftenden Halme. «Das war wunderbar.»

Sie sagt dies mit demselben kleinen Schuss Wehmut, mit dem sie erzählt, dass sie gerade kürzlich wieder einmal auf den Kirschbaum neben dem Elternhaus gestiegen sei. «Auf einen Baum zu klettern, ist für mich wie ein letztes Stück Kindheit.» An den Wochenenden legt sie daheim in Seon gerne im Garten mit Hand an, schneidet die Reben über der Pergola zurück, haut mit der Axt Holzscheite zurecht. «Irgendetwas zu tun gibt es immer.»

Auch ihr Hobby erfordert körperlichen Einsatz: Françoise spielt Schlagzeug, seit zwölf Jahren. «Ich wollte ein anderes Instrument lernen als meine Schwester, die Klavierunterricht nahm.» Seit zwei Jahren ist sie Mitglied der lokalen Musikgesellschaft und freut sich nicht nur am Musizieren, sondern auch am geselligen Zusammensein. «Wir sind etwa dreissig Leute, junge wie ich, aber auch viele ältere. Die Musikgesellschaft ist für mich fast wie eine zweite Familie.» Jeden Donnerstagabend ist Probe. Gespielt werden Märsche und Polkas, aber auch modernere Sachen, zum Beispiel Phil-Collins-Songs.

GÄRTNERIN? KÖCHIN? KAMINFEGERIN!

Zu ihrem Beruf kam Françoise nach längerem Suchen. Eine Zeitlang hatte sie sich überlegt, Gärtnerin zu werden. Dann machte sie eine erste Schnupperlehre in einer Polsterei und eine zweite in einer Restaurantküche. Dort erkannte sie, dass sie einen Beruf mit direktem Kundenkontakt lernen wollte – «als Köchin hast du den kaum.»

Als ein Kollege ihr dann von einem Cousin erzählte, der Kaminfeger ist, schaute sie sich dieses Berufbild an und fand es spannend. Die Vorstellung, mit Maschinen zu arbeiten, schreckte sie nicht ab. Zwar brachte sie kein ausgeprägtes Interesse an technischen Fragen mit, aber ein Flair dafür hatte sie durchaus. «Ich habe als Kind total gern mit meinem

Vater zusammen am Töffli herumgeschraubt. Es nahm mich immer wunder, wie so ein Motor funktioniert.»

So absolvierte sie in der Folge zwei Schnupperlehren bei Kaminfegern, die eine im Geschäft von Kurt Fischer in Rupperswil. Hier wollte sie ihre Lehre machen, das war ihr schon bald klar. «Es ist ein Superbetrieb.»

Dass der Lehrmeister sich dann unter insgesamt dreizehn Bewerberinnen und Bewerbern für Françoise entschied, war eine Riesenfreude – vergleichbar mit der Freude, die sie empfand, als der Chef drei Jahre später erneut auf sie zukam und sie fragte, ob sie nach der Abschlussprüfung bei ihm weiterarbeiten wolle. «Es ist halt schon etwas ganz anderes, wenn man am Schluss vom Lehrmeister angefragt wird, ob man bleiben will, als wenn man ihn fragen muss, ob man bleiben darf.»

DAS RITUAL DES RUSSENS

So wird Françoise also auch in Zukunft in Auenstein, Möriken, Scherz, Thalheim und weiteren Aargauer Dörfern unterwegs sein, um fürs Kaminfegergeschäft Kurt Fischer zu «russen», wie ihr Berufsstand das nennt.

In ihrem prallvoll gefüllten Kaminfegerauto wird sie wie bis anhin sehr auf gute Ordnung achten. Grosse, kleine, dicke, dünne, kurze, lange Bürsten, verschiedene Heizungseisen, eine Stahl- und eine Fiberglasrute, ein Staub- und ein Wassersauger und andere Arbeitsutensilien mehr – alles soll jederzeit problemlos griffbereit sein. «Ich bin in dieser Beziehung ein bisschen ein Dickkopf. Für mich ist es wichtig, dass ich immer genau weiss, was wo ist. Das halte ich daheim in meinem eigenen Zimmer so und nun halt auch beruflich.»

Viel Sorgfalt wird Françoise weiterhin auch auf die Organisation ihrer Arbeit beim Kunden verwenden. Sie weiss: Öfen und Menschen wechseln von Haus zu Haus; die Konstante in ihrem Berufsalltag ist der Arbeitsablauf.

An jedem Ort geht sie, einem Ritual gleich, denn auch auf genau dieselbe Weise vor. Bei einer Ölheizung heisst das, um nur die wichtigsten Arbeitsgänge zu nennen: Anlage stromlos machen – Kamin reinigen

– die Heizungstür öffnen und eventuell den Brenner abnehmen – die Heizfläche mechanisch reinigen – die Heizfläche mit alkalischer Flüssigkeit reinigen – das Rauchrohr reinigen – die Anlage wieder schliessen – die Heizung zur Kontrolle kurz anwerfen. Dann werden letzte Arbeitsspuren weggewischt, und das Gehäuse der Heizung erhält eine Schlusspolitur. Alles soll picobello aussehen – «als sei ich gar nicht dagewesen».

EINE ANDERE ABZWEIGUNG NEHMEN

Welche Vorstellungen hat Françoise darüber hinaus von der Zukunft, die jenseits der Lehrabschlussprüfung auf sie wartet? Keine einfache Frage. Zu fest steckt sie noch im LAP-Stress, die Arbeit am «Arbeitsbuch 2009–2012» – einer Art Tagebuch mit den wichtigsten Lerninhalten, entstanden an unzähligen Sonntagnachmittagen – ist erst kürzlich fertig geworden. Mega stolz ist sie auf diesen dicken A4-Ordner.

Und nun also die Zukunft! Sicher, sie wird Weiterbildungen besuchen, und vielleicht wird sie einmal den Meister machen. «Aber möglicherweise gehe ich vorher noch auf eine Weltreise.» In letzter Zeit spürt sie bei sich nämlich hin und wieder ein kleines Reissen, vor allem frühmorgens, wenn sie im eigenen Auto zur Arbeit fährt.

An Kreuzungen stellt sie sich dann manchmal vor, wie es wäre, wenn sie nicht dem Schild Richtung Rupperswil folgen, sondern eine andere Abzweigung nehmen und auf unbekannter Strasse in den Tag hinein rollen würde. Einfach so. Sie lächelt. «Wer weiss, wohin mich das führen würde.»

ALS ANGEHENDE THEATER-MALERIN IN BASEL IST TABEA MARTIN SOZUSAGEN EIN ZAUBERLEHRLING: SIE LERNT, WIE MAN MIT PINSEL UND FARBE AUS SIMPLEN SPERRHOLZ-WÄNDEN PRUNKVOLLE PALAST-FASSADEN ZAUBERT. ODER AUS BANALEN LEINWÄNDEN SCHWERES HOLZGETÄFER.

Von Bruno Rauch

THEATER BASEL
OPERNHAUS
DES JAHRES

Sie sind Virtuosen des trügerischen Scheins. Sie erzeugen Illusionen: idyllische Landschaften, enge Strassenfluchten, weite Horizonte. Sie erschaffen Betonmauern, Marmorfassaden, Holzverkleidungen, rostige Metallwände. Sie arbeiten naturalistisch oder abstrakt, geometrisch oder figurativ. Sie zielen, so heisst es etwas schulmeisterlich und unsinnlich in einer berufskundlichen Schrift, «auf die Vergegenwärtigung der örtlichen und zeitlichen Zusammenhänge auf der Bühne ab».

Spätestens jetzt ist es klar: Die Rede ist vom Beruf der Theatermaler, den es erstaunlicherweise auch im Zeitalter der digitalen Fotografie und des fast unbeschränkten Einsatzes von Projektionen und Licht immer noch gibt. Eine Blütezeit erlebte die Kunst in der Renaissance und vor allem im Barock mit seinem Hang zur optischen Täuschung und kapriziösen Überhöhung der Realität. Typisch sind auch die naturalistischen Bühnenprospekte des 19. Jahrhunderts, die ihren Niederschlag sogar in den Papptheaterchen der bürgerlichen Kinderzimmer fanden.

Solches und Ähnliches erfährt Tabea Martin an der Berufsschule für Gestaltung in Zürich. Vertieftes Wissen zu Stilkunde, Architektur, Kunst- und Theatergeschichte liefern zudem viermal im Jahr die zweiwöchigen Blockkurse, die sie zusammen mit fünf Frauen und zwei Männern aus der Deutschschweiz besucht. Tabea ist nämlich Theatermalerin im zweiten Lehrjahr am Stadttheater Basel, dem grössten Dreispartenhaus der Schweiz.

ZWISCHEN KUNST UND HANDWERK

Nach einer Fahrt mit dem Lift tief in die Eingeweide des Theaters und einem Gang durch ein Labyrinth von Korridoren stehen wir endlich im weitläufigen, hohen Malersaal. Es ist erstaunlich ruhig, irgendwo im Hintergrund plärrt ein Radio. An den Wänden stehen und lehnen Prospekte in unterschiedlicher Grösse: ein spanischer Edelmann – könnte von Velázquez sein; eine New Yorker Strassenszene – wahrscheinlich von Edward Hopper; ein Palazzo, der sich im Wellenspiel des Canal Grande spiegelt – wohl von Monet. Der Arbeitsplatz von Tabea Martin scheint eine Art Museum der dekorativen Täuschung.

In einer Ecke auf der umlaufenden Galerie haben sich die Theatermaler eine Pausenecke eingerichtet, wo ein kreativ-charmantes Nebeneinander von Kaffeemaschine, Petflaschen, angebrochenen Guetslipackungen, an die Wand gepinnten Skizzen, Kunstbildern und Arbeitsplänen herrscht.

Tabea fühlt sich ausgesprochen wohl in dieser Atmosphäre, wo Kunst und Handwerk eine pragmatische Verbindung eingehen. «Ich habe schon als Schülerin in Theaterkursen mitgespielt. Hat mir total gefallen – wahrscheinlich entstand da der Wunsch, ‹eppis bim Theater z tue ha›. Es ist jedenfalls eine Welt, die mich immer faszinierte.»

LUST AM MALEN UND ZEICHNEN

Ein weiterer Anstoss war der Besuch eines Musicals mit einem Bühnenbild, das Tabea mächtig imponierte. Damals rutschte der Beruf der Bühnenbildnerin auf der Wunschliste ganz nach oben. Tabea wühlte sich durch das Infomaterial im Berufsinformationszentrum und kam zum Schluss, dass das Malerische ihr doch besser liegen würde – vor allem der grosszügige Umgang mit der Farbe habe sie gereizt, sagt sie. Schauspielerin, wäre das auch ein Option gewesen? Das Nein kommt sehr schnell und sehr dezidiert.

Vielmehr war es der zwanzigjährigen Baslerin wichtig, einen Beruf zu finden, der ihr erlauben würde, ihre Lust am Malen und Zeichnen auszuleben oder gar zu perfektionieren. Dieses Hobby hatte sie nach Abschluss der obligatorischen neun Schuljahre dazu bewogen, den einjährigen Vorkurs an der Schule für Gestaltung Basel zu besuchen. Parallel dazu machte sie die Gymi-Prüfung. Nach dem Vorkurs bewarb sie sich am Theater Basel um eine Lehrstelle als Theatermalerin und – bekam eine Absage. Dafür klappte es am Gymnasium.

Doch der Gedanke an den Theaterberuf liess der Gymnasiastin keine Ruhe. Obwohl sie eine gute Schülerin war, spürte sie, dass sie lieber mit den Händen arbeiten wollte. Nach zwei Jahren beschloss sie, sich erneut am Theater zu bewerben. Und siehe da, jetzt klappte es.

WIE AUF DEM BAU

Auch wenn sie sich keinen Moment lang an die Mittelschule zurücksehnt, denkt sie rückblickend, dass sich der Umweg gelohnt hat: «Ich war bei meinem ersten Anlauf am Theater noch zu schüchtern. Im Theaterbetrieb, wo es in der Regel ziemlich hektisch zugeht, braucht es eine gewisse Selbständigkeit. Natürlich werde ich vom Chef des Malsaals unterstützt, aber er kann sich nicht ständig um mich kümmern. Da ist einfach eine gute Portion Eigeninitiative gefragt.»

Tabea unterscheidet zurzeit vor allem zwei typische Arbeiten: Einerseits beschäftigt sie sich mit einer Übungsmalerei zur Ausbildung, an welcher sie über mehrere Tage, mitunter sogar Wochen allein arbeitet. Andererseits aber wird sie bereits für ein Projekt eingesetzt, das für eine anstehende Produktion bestimmt ist.

An den sechs Bühnenprospekten für Wagners «Fliegenden Holländer» haben vier Maler fünfzehn Wochen lang gearbeitet. Lehrlinge wie Tabea werden bei solchen Grossprojekten logischerweise eher für Hilfstätigkeiten eingesetzt, die sie unter Anleitung der erfahrenen Kollegen ausführen: Grundieren einer Arbeitsfläche oder Bemalen eines Versatzstücks. «Gerade heute morgen musste ich eine Holzkonstruktion mit Abrieb verputzen – wie auf dem Bau», sagt Tabea.

TÄUSCHEND ECHT

Mehr Spass machen dagegen «Imitationen». Da arbeite man – meistens im Team – an einem riesigen Werkstück und könne miterleben, wie aus einem Stück Stoff ein wolkiger Himmel wird, ein edles Parkett, eine massive Felswand oder eben eine Betonwand.

Meter um Meter das Gleiche – ist das nicht ein bisschen eintönig? Tabea schüttelt den Kopf und lacht. «Gar nicht! Beim Marmorieren zum Beispiel verfährt man mit Lasuren und Sprit. Man arbeitet Nass in Nass, und ‹me kha au e biz pflödere›. Für das Geäder lässt man sogar den Zufall wirken und kann so entspannt vor sich hin werkeln und etwas entstehen lassen, das einen selbst überrascht. Es hat fast etwas Meditatives.»

Bei anderen Arbeiten dagegen muss man sich höllisch konzentrieren.

Tabea führt den Besucher zu einem etwa zwei mal drei Meter grossen Stück Leinwand, das flach am Boden liegt. Noch ist das Dargestellte erst rudimentär zu erkennen: Zu sehen - oder vorläufig eher zu erahnen - ist die Terrasse eines Palazzos, von der ein paar Stufen in einen Park hinabführen; das Ganze ist bevölkert von Figurinen, die sich dem heiteren Nichtstun hingeben - eine anmutige Szenerie im Stile des italienischen Ottocento.

Dieses Bild hat der Malsaalchef und Lehrmeister, Michael Hein, Tabea als Übungsarbeit vorgeschlagen. An solchen Sujets kann alles geübt werden, was die perfekte Illusionsmalerei - und um eine solche handelt es sich in der Bühnenmalerei häufig - ausmacht: den Einsatz der Perspektive, die Beherrschung der Plastizität durch Verteilung von Licht und Schatten, der Tiefenwirkung durch die Lasurtechnik, der präzisen und gleichzeitig lockeren Pinselführung.

DAS GANZE IM AUGE

Zuerst hat Tabea ihre Vorlage mit einem quadratischen Rasternetz versehen. Das gleiche - jedoch proportional vergrösserte - Gitter hat sie auch auf den Malgrund, eine vorgrundierte Leinwand, gelegt. Auf diese Weise kann sie das Originalbild unter Wahrung der Proportionen auf die Leinwand übertragen.

Aus dem Handgelenk hat sie die Umrisse der Figuren, der Balustrade, die Silhouetten der Parkbäume und der Wolken mit dem Kohlestab vorgezeichnet. Danach erfolgt der Auftrag der Dispersionsfarbe: hier Blau, dort Grün, da Braun. Schrittweise werden aus den Farbflächen weitere Details herausgeholt. Durch den unterschiedlichen lasierenden Farbauftrag, aber auch durch das gekonnte Setzen der Lichter entsteht nach und nach ein räumlicher Eindruck.

Dabei ist es wichtig, dass sich Tabea nicht im Detail verliert, sondern immer das Ganze im Auge behält: Bühnenmalerei ist auf Fernwirkung angelegt. Dazu hilft, dass sie im Stehen arbeitet, in der Hand einen langstieligen Pinsel, an den Füssen ein paar saubere Schlappen, mit denen sie ungeniert ins Bild hineintritt. Wenn nötig, steigt sie dazwischen mal auf die Leiter, um das Resultat aus Distanz zu begutachten. Ihre Arbeitswerk-

zeuge sind je nach gewünschter Oberfläche: Haarpinsel, Bürsten, Schwämme, Rollen, Spritzpistolen, Rakel oder Spachtel.

Als Maluntergrund dienen verschiedene Gewebe meist auf Baumwoll- und Leinenbasis, die aus der auf Theaterstoffe spezialisierten Basler Firma Schlegel stammen. Sie weisen nicht nur nahtlose Überbreiten auf, sie sind meistens auch bereits feuerresistent vorbehandelt. Ihre unterschiedliche Struktur und Dichte erlaubt zauberhafte Effekte, je nach Beleuchtung von vorn oder von hinten.

PINSEL, CELLO, BOXHANDSCHUH

Hier liegt für Tabea, bereits ganz Fachfrau mit Berufsethos und -stolz, der Unterschied zu den heute mitunter aus Spargründen über Plotter gedruckten Prospekten: «Diese haben wenig Tiefenwirkung und wirken irgendwie stumpf und flach.» Sie weist auf ein Wandbild, ein holländisches Stillleben mit Blumen, Insekten und Reptilien, das auf diese Art entstanden ist. «Wir mussten das Ganze doch noch mit Firnis aus Leinöl überziehen, um ihm mehr Brillanz und Tiefe zu verleihen.»

Eine andere Technik, die Tabea bereits kennengelernt hat, ist der Siebdruck. Bei diesem wird die Farbe durch ein feinmaschiges Gewebe auf den Malgrund appliziert, wobei jene Stellen, die durch eine Schablone abgedeckt wurden, keine Farbe erhalten.

Auf diese Weise lassen sich Flächen von gleichen Motiven – etwa für einen gemusterten Teppich oder eine Tapete – erstellen. Oft, erzählt Tabea, gelte es auch, Dekor-Elemente, die von den Schreinern oder den Theaterplastikern hergestellt wurden, zu bemalen – so wird zum Beispiel aus einer Kunststofffigur eine Bronzestatue oder aus einem Styroporbrocken ein Fels.

«Was mir an diesem Beruf besonders gefällt, ist, dass es eigentlich keine Routine gibt. Von Fall zu Fall muss man sich überlegen, wie man die Wünsche der Bühnenbildner am besten umsetzt. Die Zusammenarbeit mit ihnen ist unterschiedlich: Einige liefern klare Vorgaben, die sie vielleicht am Computer erstellt haben. Andere lassen uns mehr Spielraum und gucken nur ab und zu herein. Als Theatermalerin muss ich mir jedoch bewusst sein, dass nicht ich den Entwurf mache. Meine Kreativität muss sich auf das Wie beschränken, auf die Art und Weise, wie ich etwas realisiere.»

Was passiert eigentlich mit Tabeas Übungsprospekten, an denen sie schon mal zwei bis drei Wochen gearbeitet hat, die aber nicht auf der Bühne eingesetzt werden? Darf sie damit ihr Zimmer tapezieren? Tabea lacht: «Nein, die werden eingerollt und irgendwann mal im Museum der dekorativen Täuschung entsorgt. Am Theater arbeitet man ja nicht für die Ewigkeit!»

Und die nähere, die berufliche Zukunft? Jetzt ist Tabea nachdenklicher: «Ein Theaterjob wär' schon toll, aber davon gibt es leider nicht allzu viele. Doch im Moment geniesse ich meine Arbeit.» Als Ausgleich spielt sie Cello, besucht einen Boxkurs für Frauen und leitet eine Jungschi-Gruppe. Kultur, Sport, Soziales – damit scheint Tabea Martin, die sich zudem auf die Berufsmaturität vorbereitet, bestens für das Theater «Leben» gerüstet.

UHRMACHER BRAUCHEN EINE RUHIGE HAND UND VIEL GEDULD. DEM KÜSNACHTER OLIVIER GROSJEAN – ER MACHT DIE LEHRE IN ZÜRICH UND GEHT IN GRENCHEN IN DIE BERUFSSCHULE – BRINGT DIE «NIFELIARBEIT» EINBLICKE IN FASZINIERENDE WELTEN.

Von Frank von Niederhäusern

Einmal pro Woche steht er mit den Hühnern auf. Besuchen seine Alterskollegen die Berufsschule, so nehmen sie schlimmstenfalls ein anderes Tram als sonst. Olivier Grosjean aber besteigt in Zürich HB den Interregio und sitzt erst anderthalb Stunden später in der Schulbank.

«Für Uhrmacherlehrlinge ausserhalb der Romandie steht die Berufsschule in Grenchen», erklärt der neunzehnjährige Zürcher. Das Pendeln nimmt er in Kauf, ist sogar ein wenig stolz auf diese Spezialität. «Ich bin nicht nur jede Woche anderthalb Tage in Grenchen, sondern immer wieder auch für Blockkurse. Es macht Sinn, als Uhrmacher den Jura zu kennen, wo bis heute die meisten Schweizer Uhren produziert werden.»

Aus dem Jura kommt auch sein Name. Die Grosjeans lebten einst in La Chaux-de-Fonds, und Oliviers Ururgrossvater war – Uhrmacher. Uhrenkonstrukteur sogar, der europaweit bekannt und aktiv war. Doch der Vorfahr habe bei seiner Berufswahl nur bedingt eine Rolle gespielt, betont Lehrling Grosjean. «Ich habe das damals ganz normal mit meinem Vater besprochen. Der ist Kaufmann, hat aber zumindest die Begeisterung für Uhren geerbt», erzählt Olivier in breitem Züritüütsch. Zudem habe der Vater zwei Freunde mit eigenem Uhrenatelier, bei denen Olivier schnuppern konnte.

Die Freunde heissen Maissen und Bösch, und ihr Atelier ist die «Zeit. Zone», wo Olivier Grosjean nun im dritten Lehrjahr arbeitet. Doch ganz so einfach war die Sache dann doch nicht.

Die Idee, Uhrmacher zu werden, habe ihm zwar auf Anhieb gefallen, erinnert sich Olivier. «Schon als Kind hat mich die Feinmechanik fasziniert. Ich hab gerne mit kleinen Gegenständen herumgewerkt.» Auch Uhren? «Uhren haben mich damals noch nicht interessiert», sagt er. «Als Kind hatte ich lange gar keine Uhr, dann ganz normale, billige. Zur Erstkommunion aber bekam ich eine Tissot.» Womit die Begeisterung vom Vater auf den Sohn übergesprungen war.

Das erste, wohl allzu kurze und halbherzige Schnuppern in der «Zeit. Zone» habe ihm aber nicht gefallen. Erst ein neuerlicher Anlauf während des zehnten Schuljahrs brachte ihn zum Umdenken. «Ich war eine ganze Woche lang dort und konnte Verschiedenes ausprobieren, auch in der

Werkstatt.» Zudem hatte sich Oliviers Faszination für Uhren in der Zwischenzeit intensiviert. Er habe beobachtet, dass Uhren im Trend sind. «Viele Leute tragen heute wieder bewusst Uhren», sagt er. «Und nicht nur Swatches. Die Branche boomt, im Jura werden wieder Uhrenfabriken gebaut.»

Also hat sich der junge Zürcher bewusst für einen Beruf mit Perspektive entschieden? «Ja, ganz klar.» Pro forma bewarb er sich noch bei weiteren Ateliers – auch an der Zürcher Bahnhofstrasse, wo Lehrlinge aber gar nicht willkommen seien. So entschied er sich für die «Zeit. Zone», die etwas versteckt am Kreuzplatz liegt. Hierhin kommen nur Leute, die etwas ganz Bestimmtes suchen – oder zu finden hoffen.

MIT DER LUPE AM AUGE

Samstagnachmittag. Die lange Schaufensterfront der «Zeit.Zone» liegt im Schatten, die Ladentür ist verschlossen. Der Besucher stutzt, zumal im Ladeninnern ein Kunde bedient wird. Dann entdeckt er das kleine Schild: «Bitte klingeln», und tatsächlich bewirkt das dezente Signal, dass der Bedienende sofort die Tür öffnet und ein freundliches «es kommt gleich jemand» fast nahtlos in sein Verkaufsgespräch einfliessen lässt. Sekunden später steht Olivier Grosjean im Laden und bittet über eine kleine, versteckte Treppe ins Atelier.

Im Gegensatz zum schmalen, aber überaus langen Ladenlokal mit tiefen Vitrinen und wandhohen Regalen finden sich dahinter auf kleinster Fläche – verschachtelt und ausgeklügelt eingerichtet – zwei Atlelierräume, eine Werkstatt und ein Büro. «Es ist Ende Woche, wir sind beim Aufräumen», sagt Olivier, als ein Kollege mit Besen und Abfalleimer entgegenkommt. In einem der Ateliers sitzen noch zwei gekrümmte Gestalten und hantieren geduldig an unsichtbaren Gegenständen. Die eine, eine junge Frau, blickt kurz auf und lächelt mit schwarzer Uhrmacherlupe am rechten Auge.

An den Wänden hängen Zettel, Werkzeuge, Uhren, und auf einem mehrstöckigen Regal stehen Pendulen aller Grössen und Farben. «Wir erledigen vor allem Revisionen», erklärt Olivier Grosjean. Dies bedeute, die Uhren komplett zu zerlegen, Fehler oder Defekte zu eruieren, bestimmte Teile zu ersetzen oder nachzubauen. «Dann setzen wir alles wieder zusammen, reinigen und polieren die Uhr, auf dass sie wieder funktioniert und wie neu aussieht.»

Was sich einfach anhört, macht für Olivier die Faszination seines Berufes aus. «Eine Uhr wird von A bis Z vom gleichen Uhrmacher betreut», erklärt er voller Enthusiasmus. «Denn nur, wer eine Uhr auseinandernimmt, lernt sie in ihrer Eigenart kennen und kann sie wieder richtig zusammensetzen.»

Eine besondere Herausforderung sei das Nachbauen von Teilen, die nicht mehr lieferbar sind. Oder die einem in der Hand zerbrechen. «Auch das kommt vor», lacht Olivier und erzählt vom kleinsten Teil, das er bisher nachgebaut habe. «Es hatte einen Durchmesser von 0,09 Millimeter.» Der Besucher fragt erstaunt nach: «Millimeter?» – «0,09 Millimeter», bestätigt Olivier Grosjean fast buchstabierend.

Eine normale Taschenuhr besteht aus rund vierzig Teilen. Olivier zählt auf: drei bis vier Zeiger, Gehäuse, fünf Räder, Anker, Unruh, Brücken ... «Und unzählige Schrauben», fügt er an und erzählt von einer Parmigiani-Uhr, deren Gehäuse allein aus hundertdreissig Teilen besteht. «Im Prinzip aber ist jede Uhr gleich aufgebaut.» Auch eine Kirchenuhr? «Ja», sagt er. Und mit dem richtigen Werkzeug könnte er auch eine Kirchenuhr revidieren.

VIEL GEDULD FÜR DIE UNRUH

Handwerkskunst und Finessen seines Berufes lernt Olivier Grosjean von seinen beiden Chefs und dem vierköpfigen Kollegenteam in der «Zeit. Zone». «Hier arbeiten ausschliesslich Uhrmacherinnen und Uhrmacher», betont er. «Deshalb ist auch die Ladentür verriegelt. Denn in der Regel sind alle im Atelier oder der Werkstatt beschäftigt.»

In der Schule, dem «ZeitZentrum» in Grenchen, bekommt Olivier die theoretischen Grundlagen vermittelt. Mit Schulfächern wie Uhrenkunde und -geschichte, Fachrechnen, Planzeichnen, Physik, Elektrotechnik und Uhrenelektronik.

«Praxisorientiert sind die Fachkurse», ergänzt er. «Nach einem sechswöchigen Einführungskurs zu Lehrbeginn, wo man die Basics lernt sowie den Umgang mit Werkzeugen, folgen im zweiten Lehrjahr je zweiwöchige Kurse in Mikromechanik, Pivotage und Réglage.» Dort lerne man, die kleinen Wechseldreher herzustellen und die Unruh zu justieren. «Die Unruh ist das Herzstück jeder mechanischen Uhr», doziert Olivier Grosjean, «und ohne richtige Einstellung der Hemmung läuft sie ungenau».

Solche Einstellungen und der Bau von Ersatzteilen sind nicht jedermanns Sache. Wer Uhrmacher werden will, muss wohl eine ruhige Hand und gute Auge haben? «Für die Augen haben wir unsere Lupen», sagt Olivier und lacht. «Weit wichtiger ist die Geduld.»

Zur feinmechanischen Arbeit gehöre, dass einem nicht alles auf Anhieb gelinge. «Wenn man dann aus der Ruhe kommt, scheitert man erst recht», hat er gelernt und kennt Tricks, um sich zu beruhigen und zu konzentrieren. «Meistens reicht es, kurz aufzustehen und etwas anderes zu erledigen», weiss Olivier. Dies beruhige und helfe, sich erneut zu konzentrieren. Sehr wichtig sei der Ausgleich in der Freizeit. «Ohne Sport, wo ich mich bewegen und austoben kann, würde ich das nicht packen.»

Gerade ist er aus dem zweiwöchigen Spezialuhrenkurs in Grenchen zurück, wo er den Umgang mit Chronografen, mit Stoppuhren, lernte. «In der vierjährigen Ausbildung zum Rhabilleur, wie der gelernte Uhrmacher in der Fachwelt heisst, arbeiten wir uns von den grossen zu den kleinen Uhren vor. Von den Pendulen zu den Armbanduhren.» Hierfür seien insgesamt 21 Wochen Fachkurse angesetzt, verteilt auf die vierjährige Lehrzeit.

Bescheren ihm diese langen Abwesenheiten keine Probleme? Olivier spielt Fussball beim FC Küsnacht. «Wenn ich einige Wochen nicht im Training war, hole ich das eben nach», meint er mit leichtem Schulterzucken. «Joggen kann ich auch in Grenchen.» Und die sozialen Kontakte? «Kein Problem, zudem habe ich mittlerweile auch in Grenchen meine Kollegen.»

Allein in seiner Klasse sitzen zwanzig künftige Rhabilleure. In Grenchen werden mehrere Klassen geführt. Am «ZeitZentrum» ist zudem

eine rein schulische Ausbildung möglich. «In der Romandie gibts noch fünf weitere Schulen», weiss Olivier. Zu dieser überraschenden Vielzahl von Lehrlingen nennt er eindrückliche Zahlen: «Von den weltweit verkauften Uhren stammen zwar nur zwei Prozent aus Schweizer Produktion. Eine japanische Uhr ist durchschnittlich zwei Dollar wert, eine Schweizer Uhr 558 Dollar!» Olivier strahlt. «Swiss made steht bis heute für Qualität! Ebenso der Schweizer Uhrmacher.» Ein Umstand, der seine Zukunft rosig aussehen lässt.

UNBEKANNTE, ABER ROSIGE ZUKUNFT

Es ist halb fünf – Feierabend. Olivier sitzt in einem Szene-Café auf der anderen Seite des Kreuzplatzes. Das Intérieur wirkt wie aus dem frühen 20. Jahrhundert und soll einen die postmoderne Alltagshektik vergessen lassen. Der Umstand freilich, dass aus den Lautsprechern chillige Loungemusik rieselt, die mit dem Vorrücken des Nachmittags in den Abend stetig etwas lauter wird, macht deutlich, dass man doch im Hier und Jetzt sitzt.

Olivier setzt sein Feierabendbier an und nimmt den erfrischenden ersten Schluck. An seinem Handgelenk wird eine imposante Uhr sichtbar. Olivier lächelt: «Eine Bell & Ross, die ich zum achtzehnten Geburtstag geschenkt bekam.»

Schaut er auch anderen Leuten aufs Handgelenk? «Ja, das habe ich mir tatsächlich angewöhnt», bestätigt er. «Das bringt der Beruf mit sich.» Dann zeigt er auf seine Bell & Ross und referiert eloquent: «Eine schweizerisch-französische Marke, die in La Chaux-de-Fonds produziert wird. Sie existiert seit 1990 und ist an sich auf Vintage-Uhren für Spitzensportler, Piloten und Astronauten spezialisiert.» Was ist mit der Tissot? «Die liegt zu Hause. Ich hab auch noch eine Bucherer, die ich mir selbst kaufte. – Und eine Swatch ...» Nun grinst er: «Die hat man halt einfach.»

Der perfekte Verkäufer! Obwohl er darin bislang gar nicht geschult worden ist. «Das kommt dann im vierten Lehrjahr», sagt er. «Aber Batterienwechseln kann ich auch so.»

Will er nach der Lehrabschlussprüfung in gut einem Jahr weiterhin

Uhren revidieren und Batterien wechseln? «Das weiss ich noch nicht. Zuerst möchte ich ins Ausland und die Welt entdecken.» Reisen sei ihm wichtig, um den Horizont zu erweitern, betont Olivier. «Zuerst möchte ich mein Englisch verbessern und auch das Französisch, dem in unserem Beruf eine wichtige Rolle zukommt.» Denn französisch ist zwar sein Name, seine Sprache aber ist Deutsch. Einige Verwandte leben bis heute in Neuenburg, Auvernier und La Chaux-de-Fonds. «Als Kind waren wir oft dort», erinnert er sich. «Zu Hause in Küsnacht aber sprachen wir nur deutsch.»

In einer Fabrik oder Manufaktur arbeiten wolle er auch mal, kehrt Olivier zum Thema Zukunft zurück. Eine Uhr nicht nur zu reparieren und zu revidieren, sondern zu bauen – das würde ihn reizen.

Also will er doch dem Ururgrossvater nacheifern und die Familientradition wieder aufnehmen? Allenfalls gar die Marke Grosjean wiederbeleben? «Wohl kaum», meint er und nimmt einen Schluck Bier. Und erzählt dann, dass er mit seinem Onkel, ebenfalls einem Uhrenfan, auf eBay einst eine Grosjean-Uhr entdeckt habe. «Das war schon ein besonderes Gefühl», sagt er, und seine Augen funkeln. Und – hat er die Uhr gekauft? «Nein, sie war viel zu teuer.»

ALS ANGEHENDER SEILBAHN-MECHATRONIKER SORGT DER LÖTSCHENTALER SILVAN EBENER FÜR SICHERHEIT UND VERLASS BEIM BETRIEB DER LAUCHERN-ALP-BAHN. DOCH ALS «TSCHÄGGÄTTA» VERBREITET ER FURCHT UND SCHRECKEN – ALLERDINGS NUR ZUR FASNACHTSZEIT.

Von Bruno Rauch

PETZL

Während des Wartens an der Talstation der Pendelbahn Lauchernalp hat man Musse, die technischen Daten der Bahn zu studieren: Die Talstation Wiler ob Goppenstein liegt auf 1413 Meter, die Bergstation auf 1979 Meter über Meer. Streckenlänge: 1197 Meter; Fahrzeit: 3,5 Minuten; Kapazität: 1200 Personen pro Stunde. Jetzt allerdings ist die blauweisse, schachtelförmige Kabine, die uns über die aperen Hänge des Lötschentals trägt, fast leer. Die Skisaison dauert nur noch wenige Tage, obwohl droben, auf der Höhe, noch Schnee liegt. Mit einem sanften Ruck kommt die Kabine in der Bergstation zum Stehen. Auf meine Frage weist ein Angestellter auf die offen stehende Tür zum Kommandoraum und sagt: «Gangäd nür in.»

Silvan Ebener? Sofort erhebt sich ein junger, kräftiger Mann vom Arbeitstisch, wo er sich in irgendwelche Schaltschemen oder Pläne vertieft hat, und zeigt ein sympathisches Lachen. Blaue Wollmütze tief in der Stirn, schwarze Faserpelz-Jacke mit türkisfarbenem Schriftzug «Lauchernalp», Drillichhose, grobes Schuhwerk. Das Outfit passt: solid, währschaft, verlässlich, wie der Händedruck des jungen Manns. Wie der Beruf des Seilbahn-Mechatronikers selbst, wo Begriffe wie Sicherheit, Zuverlässigkeit, Stabilität von zentraler Bedeutung sind.

Silvan Ebener, 19, entspricht diesem Bild voll und ganz. In sonorem, archaischem Walliserdeutsch gibt er Auskunft, was für die von den Einheimischen als «Üsserschwiizer» Bezeichneten nicht immer leicht zu verstehen ist: «Ich bin in Wiler geboren und aufgewachsen. Habe die Schule hier und in Kippel besucht – bin also ein waschechter Leetschör.»

Damit hat er eines der gut 500 schweizerischen Seilbahnunternehmen, die zusammen fast 1800 Anlagen betreiben, direkt vor der Haustüre. Diese Unternehmen bilden das Rückgrat vieler Tourismusregionen, beschäftigen etwa 10 000 Menschen und generieren jährlich Umsätze von gut einer Milliarde Franken – vier Fünftel davon im Winterhalbjahr.

GUTE WAHL

Silvan ist also mit dem Seilbahnbetrieb seit Kindesbeinen vertraut. So ist es wahrscheinlich auch kaum übertrieben, wenn er sagt: «Seit ich gehen kann, kann ich auch Ski fahren. Und schon als kleiner Botsch habe ich mich für Seilbahnen interessiert.»

Da kam ihm – anlässlich eines Plausch-Skirennens war es, wie er sich genau erinnert – die Bemerkung des Betriebsleiters der Lauchernalp-Bahn gerade recht: Es gebe da seit 2009 eine neue Lehre mit der etwas komplizierten Bezeichnung Seilbahn-Mechatroniker. Das wäre doch etwas für ihn. Er solle doch mal zum Schnuppern vorbeikommen. Das liess sich Silvan nicht zweimal sagen und wusste nach drei Wochen: Das will ich! Bekräftigt in seinem Entschluss wurde er zudem durch einen älteren Kollegen, der diese Lehre ebenfalls gewählt hatte.

Auch jetzt, in seinem dritten Lehrjahr, ist Silvan überzeugt, richtig gewählt zu haben. Spötteleien seiner Kollegen, die den Beruf des Seilbahn-Mechatronikers als «Bähnlifahren» bezeichnen, kontert er gelassen: «Ich fahre nicht Bahn; ich sorge dafür, dass die Bahn fährt.» Und mit Stolz berichtet er, dass er eigentlich drei Berufe habe: Der Mechatroniker vereine mechanische und elektronische Tätigkeiten. Als Mechaniker sei er zuständig für die Belange des Motors; die Tätigkeiten seien also vergleichbar mit denjenigen des Maschinenbauers. Als Elektriker befasse er sich dagegen mit Messgeräten, Signalgeneratoren und Oszilloskopen.

Schliesslich komme noch das Gebiet des Polymechanikers dazu, der sich mit der Hydraulik beschäftigt. Entsprechend vielseitig ist denn auch das Schulprogramm, das Silvan in Form von Blockkursen am Ausbildungszentrum Seilbahnen Schweiz (SBS) in Meiringen absolviert. In seiner Klasse seien sie achtzehn Lehrlinge aus der gesamten Deutschschweiz, die dort rund fünfzehn Mal pro Lehrjahr während jeweils einer Woche gemeinsam lernen, wohnen und kochen.

Die Welschen besuchen ein analoges Zentrum in Sion. Auf dem Stundenplan stehen Fächer wie Werkstoffkunde und -bearbeitung, Physik, Informatik, Elektrotechnik, Mechanik, Fluidtechnik, Fachrechnen. Dazu kommen Allgemeinbildung, Kenntnisse in Tourismus, Erste Hilfe, Wetter- und Lawinenkunde sowie, ganz zentral, Fragen von Schutz und Sicherheit.

4

ANGEFRESSEN VON DER TECHNIK

Ja doch, man müsse schon ein wenig angefressen sein von der Technik, meint Silvan. Ferner müsse man Freude haben, in der freien Natur zu arbeiten, auch wenn mal nicht strahlend schönes Wetter ist. Ski fahren können sei keine Bedingung, ist aber praktisch, um sich winters mit den Brettern von Lift zu Lift bewegen zu können. Leider könne man in diesem Beruf selten unmittelbar sehen, was man geleistet habe – «wie ein Beck, der seine Brötchen bäckt». Aber zu wissen, dass die Bahn ohne seinen Einsatz und denjenigen des siebzehnköpfigen Teams nicht sicher und reibungslos funktionieren würde, das gibt ihm Befriedigung, macht ihn gar ein wenig stolz.

Morgens um acht fährt er mit der ersten Dienstfahrt zur Bergstation hoch. Schon auf der Fahrt wird besprochen, was es an diesem Tag zu erledigen gibt. Routinearbeiten sind zum Beispiel das morgendliche Ausgaragieren der Sessel auf die Seile.

Daneben gibt es auch diverse Unterhaltsarbeiten an der Anlage selbst: Mal ist ein Geländer defekt, das geschweisst werden muss, ein Drehkreuz klemmt, dort fehlt eine Abschrankung. Auch mit den Fahrgästen kommt man ab und zu in Kontakt. So löst Silvan über Mittag bisweilen einen Kollegen am Lift ab oder übernimmt den Kassendienst. «Ich bin zwar kein Crack in Fremdsprachen, aber bis jetzt hat's noch immer gereicht.»

Vor kurzem habe er an einer unübersichtlichen Hausecke der Bergstation einen Schwenkarm mit einer Warnlampe montiert und verkabelt, berichtet Silvan weiter. «Jetzt können die Fahrer der Pistenfahrzeuge per Fernbedienung die orange Signallampe ausschwenken und blinken lassen, sodass die Skifahrer, die um die Ecke sausen, vor einem herannahenden Fahrzeug gewarnt werden, bevor dieses überhaupt in Sicht ist.»

SICHERHEIT ÜBER ALLES

Doch es gibt wohl auch alltäglichere Arbeiten? Die Kontrollen von Bremsen, Rollen und Laufwerken aller Anlagen müssen in einem bestimmten Turnus durchgeführt werden – täglich, nach einer bestimmten Anzahl Betriebsstunden, wöchentlich oder monatlich. Dazu muss Silvan gemäss einer Checkliste verschiedene elektronische Simulationen und Tests durchführen, er prüft also, ob Zahlen, Signale und Sinuskurven den vorgegebenen Normwerten entsprechen.

Ist dies nicht der Fall – was, wie Silvan unterstreicht, kaum je vorkommt –, so muss unverzüglich die Fehlerquelle eruiert werden: Sind die Bremsbacken abgenutzt? Hat es zu wenig Öl in der Bremshydraulik? Silvan hat ganz offensichtlich ein Flair für die Technik.

«Die eigentlichen Revisionsarbeiten jedoch erfolgen in der Zwischensaison, wenn die Gondelbahn ihren Betrieb vorübergehend einstellt, und, bei den Skiliften, im Sommer», erzählt er weiter. Die Seile werden in monatlichen Abständen genauer kontrolliert. Vor jeder Saison sind alle Bauteile wie Kabinen, Gehänge, Laufwerke und Stützen zu überprüfen. Ebenso werden Bremsproben mit vollbeladenen Kabinen durchgeführt.

Periodisch müssen die Tragseile verschoben werden, um die Abnützung der immer gleichen Stellen auf den Seilbahnstützen zu vermeiden. Ebenfalls regelmässig werden die Rollenbatterien der Träger, welche über die Seile laufen, abmontiert – eine körperlich strenge Büez. «Dann, in der Werkstatt, kontrolliere ich Rolle für Rolle, nehme sie komplett auseinander, putze und schmiere sie und setze sie wieder zusammen. Auch die Hartgummireifen, auf denen die Seile aufliegen, müssen überprüft und gegebenenfalls ersetzt werden.»

Eine besondere Herausforderung war beispielsweise der komplette Ausbau und Transport der Laufwerke der beiden Kabinen, die anschliessend verladen und bei der Firma Garaventa, dem weltweiten Spezialisten für Bergbahnen in Thun, revidiert wurden. So gern der junge Mann in der Werkstatt mit Schraubenschlüssel, Lötkolben, Schweissgerät oder Bohrmaschine hantiert, ein «besonderes Highlight», sagt er, ist es immer, wenn er, entsprechend gesichert und behelmt, auf die Stützen klettern darf.

«Am Anfang hatte ich schon ein bisschen ein mulmiges Gefühl, wenn der Mast leicht schwankte, aber jetzt freue ich mich richtig, wenn ich einmal im Monat hinauf darf.» Dort, in luftiger Höhe, wird mit dem Auge, aber auch mit dem Ohr, kontrolliert, ob Seil und Rollen in einwandfreiem Zustand sind.

IM TAL ENGAGIERT

Ein besonderer Kick wäre es für Silvan, einmal den sogenannten «Helipoma» zu benützen. Dabei handelt es sich um ein Seilfahrgerät, eine Stange mit Laufwerk, Sitzgurt und Bremsvorrichtung, das dem Seilbahner erlaubt, in kürzester Zeit am Förderseil von der Bergstation zur Kabine hinunterzugleiten, um in einer prekären Situation – etwa durch Blockierung – die nötigen Schritte einzuleiten. Was zum Glück noch nie nötig war, obwohl Silvan gar nichts gegen eine derart luftige Talfahrt einzuwenden hätte!

Auch sonst scheint der junge Berufsmann dem Leben unerschrocken und offen entgegenzutreten. Lehrabschluss und RS sind die nächsten Schritte. Danach fasst er eine Zeit als Monteur im Ausland ins Auge; die Chancen stehen gut, denn Berufsleute mit dieser fundierten vierjährigen Ausbildung sind vielerorts gefragt.

Allerdings will Silvan auf jeden Fall wieder ins Tal zurückkommen. Sogar nach zwei, drei Wochen Ferien am Meer kehrt er gern wieder zurück in die Berge. Nicht nur das Bietschhorn, die gesamte Natur würden dem passionierten Skifahrer, Snowboarder und Berggänger fehlen. Er ist im Tal auch sozial stark verwurzelt: zum Beispiel als Mitglied in verschiedenen Vereinen, im Fussballclub, bei der Rettungsstation, als Schlagzeuger bei der Musikgesellschaft «Alpina», die jeweils den feierlichen Fronleichnamsumzug der Herrgottsgrenadiere begleitet.

Weniger gesittet geht es jedoch beim «Tschäggättä»-Brauch zu und her. Silvan und seine Freunde bilden eine Maskengruppe, die noch selbst die typischen archaischen Lötschentaler Fratzen aus Holz schnitzt. Zwischen Maria Lichtmess und «Gigisziischtag», dem Dienstag vor Aschermittwoch, ziehen die Gesellen abends als grausige Wesen, in Ziegen- oder Schaffelle gehüllt und bewaffnet mit Schellen und Stöcken, durch die Talschaft, um die Leute das Fürchten zu lehren.

Vielleicht ist genau das der nötige Ausgleich für den jungen Walliser, der sonst im Berufsalltag alles daransetzt, dass sich die Fahrgäste sicher und wohl fühlen können, wenn sie über Abgründe und Klüfte schweben.

GLORIA CLALÜNA ABSOLVIERT IHRE LEHRE ALS MEDIZINISCHE PRAXISASSISTENTIN IN DER EINZIGEN ARZTPRAXIS IM ITALIENISCHSPRACHIGEN BERGELL. DIE SCHULE BESUCHT SIE IN CHUR UND PENDELT SO ALLWÖCHENTLICH ZWISCHEN ZWEI KULTUREN UND SPRACHWELTEN.

Von Karl Wüst

Nein, es tue nicht weh, «non fa male», sagt der Mann und lächelt. Er sitzt auf einem Stuhl im Blutentnahmezimmer der Arztpraxis. Gloria Clalüna hat ihm in den Finger gestochen und versucht vergeblich, einen Tropfen Blut herauszudrücken. Ein zweiter Stich sei nötig, sagt sie, und nun klappts. Die Frau des Patienten sitzt daneben und schaut dem Treiben belustigt zu, «è molto brava, molto sveglia», sie ist sehr tüchtig, sehr aufgeweckt, sagt sie, während Gloria sorgfältig ein Pflaster auf den Finger klebt.

Das Prozedere ist Routine. Man kennt sich, Fragen, Antworten und Spässe fliegen hin und her, aber nur kurz: Geschwätzigkeit ist Glorias Sache nicht. Dann verabschiedet sich das Ehepaar. «Ciao! Arrivederci!» Gloria trägt die Blutwerte in eine Tabelle ein, entledigt sich der Plastikhandschuhe, streicht ihren weissen Kasack glatt und geht hinüber ins Labor.

«INVESTMENT FÜR DIE ZUKUNFT»

Das «Studio medico», die Arztpraxis, wo sich Gloria in einer dreijährigen Lehre zur Medizinischen Praxisassistentin (MPA) ausbilden lässt, gehört zum 1902 gegründeten Bergeller Spital und Pflegeheim, dem Ospedale Casa di Cura della Bregaglia. Das Zentrum liegt leicht erhöht an der Strasse, die von Promontogno hinauf zum Bergdorf Soglio führt. Wer im Tal bleibt, erreicht nach wenigen Kilometern den Grenzort Castasegna. Hier passieren an Wochentagen bis zu tausend italienische Pendlerinnen und Pendler. Die weitaus meisten fahren zur Arbeit ins Engadin oder Richtung Chur.

Seit 2003 leitet der Arzt Hans Bänninger die Spitalpraxis, die je etwa zur Hälfte von Leuten aus dem Tal und von Pendlern aufgesucht wird. Bänninger, in Winterthur geboren und in Bern ausgebildet, fühlt sich wohl hier. «Ich kann die Praxis nach meinen Vorstellungen führen und bin nahe bei den Patienten.» Das liege ihm am Herzen, betont er.

Bevor er ein Medikament verschreibt, versucht er Vertrauen zu schaffen: nimmt sich Zeit für Gespräche, für Information und Beratung. Und was ihm auch wichtig ist: Er hat die Möglichkeit, junge Leute aus dem Tal auszubilden. Gloria ist seine dritte Stiftin. Diese Ausbildungsstrategie sei für das Spital imagefördernd, «Investment für die Zukunft», sagt der Arzt.

GUT EINGESPIELTES TEAM

Im Labor liegen Blutproben bereit. Mit Hilfe eines der Blutanalysegeräte ermittelt Gloria den Entzündungsparameter, der angibt, ob und in welchem Ausmass das Blut bakteriell infiziert ist. Mit einem anderen bestimmt sie die INR-Werte. «Diese Werte zeigen an, wie schnell das Blut eines Menschen gerinnt.»

Die Analyse von Blut oder Urin gehört zu ihren täglichen Arbeiten, ebenso die Dokumentation auf Laborblättern. Wie die Blutentnahmen sind diese Arbeiten zur Routine geworden. Gloria ist sich aber bewusst, dass keine Verwechslungen oder andere Fehler passieren dürfen. «Ich muss immer hundertprozentig konzentriert sein», betont sie. Damit habe sie keine Mühe. Präzises Arbeiten, das liege ihr.

Ist Gloria unsicher, wendet sie sich an Sabrina Pedroni. Pedroni war von 2003 bis 2006 die erste MPA, die Bänninger ausgebildet hat. Nach der Lehre hat sie sich in St. Gallen berufsbegleitend zur Arzt- und Spitalsekretärin weitergebildet. Im letzten Jahr hat sie in Chur zudem den Lehrmeisterkurs absolviert.

Als Ausbildnerin ist Pedroni nun erste Ansprechperson für die «apprendista». Immer wieder führt sie mit Gloria kurze, klärende Gespräche. Diese Gespräche behindern den Arbeitsprozess nicht, im Gegenteil, sie wirken wie Öl im Getriebe. Ein Tropfen genügt, und die Maschine läuft noch besser. Der Eindruck täuscht nicht: Sabrina Pedroni und Gloria Clalüna bilden zusammen mit den anderen Mitarbeitenden der Praxis ein gut eingespieltes Team.

ABWECHSLUNGSREICHE LEHRE

Mit ihren Eltern wohnt Gloria im Weiler Caccior oberhalb von Promontogno, dreissig Fussminuten von der Praxis entfernt. In Stampa hat sie die Talschule besucht. Das Fach Biologie habe ihr besonders gefallen, deshalb habe ihr der Lehrer empfohlen, sich für die Lehre als Medizinische Praxisassistentin zu bewerben, erzählt sie. Zuerst hat Gloria in St. Moritz geschnuppert, als Coiffeuse. Dieser Beruf sei ihr dann aber doch zu eintönig gewesen. Die Arbeit in der Praxis hingegen bezeichnet sie als «abwechslungsreich».

Neben den Analysegeräten im Labor lernt die Stiftin, das Aufzeichnungsgerät für Elektrokardiogramme (EKG) und das Röntgengerät zu bedienen. Technik liege ihr, sagt Gloria. Und sie habe kein Problem, Blut zu sehen, «sonst wäre dieser Beruf für mich ja nicht möglich».

Besonders motivierend findet sie die Arbeit einer MPA, weil sie kranken oder verletzten Menschen helfen kann. Gern hat sie mit den Patienten ganz direkt zu tun. Sie verwaltet deren Krankengeschichten, versorgt sie aus der praxiseigenen Apotheke mit Medikamenten, führt Tests, Messungen und Blutentnahmen durch oder legt Verbände an.

Immer wieder ist grosses Einfühlungsvermögen gefragt. Dann etwa, wenn ein demenzkranker Mann vom Pflegeheim, wie er es jeden Morgen tut, in der Praxis erscheint. Fremden gegenüber tritt er aggressiv, befehlend auf. Gloria hingegen begrüsst er geradezu liebevoll. Sie begegnet dem Patienten offen, respektvoll – «positiv», wie sie sich ausdrückt –, was ihn «freundlich» stimme.

Eine zentrale Aufgabe einer MPA ist auch der Telefondienst und, damit verbunden, das Führen der Agenda. Der Telefondienst verlangt fortgeschrittene medizinische Kenntnisse und vor allem auch ein gutes Gespür. Wie dringend ist das geschilderte Problem? Wie sind die Symptome zu interpretieren? Handelt es sich um einen Notfall? Gloria freut sich darauf, diese Funktion selber zu übernehmen.

SCHULREISE NACH CHUR

Medizinische Notfälle? Ja, Bänninger ist auch Notfallarzt, der im Bergell über die Nummer 144 gerufen werden kann. Vor der Praxis steht sein Auto einsatzbereit, ausgerüstet mit Blaulicht und Sirene. Bringt der Rettungsdienst des Spitals Verletzte in die Praxis, leisten Bänninger und sein Team Erste Hilfe, bevor die Verletzten, wenn nötig, in grössere Spitäler, etwa nach Samedan, überführt werden. Neben der Praxis gibt es sogar einen Helikopterlandeplatz.

Einen gravierenden Notfall hat Gloria noch nie erlebt. Darüber ist sie froh, und trotzdem: Auch diese Erfahrung wäre nützlich und gehöre zur Ausbildung, sagt sie. «Bisher war ich weg, wenn etwas in der Art passiert ist.» Zum Beispiel in der Schule.

Jeweils am Mittwoch und Donnerstag besucht Gloria in Chur die Wirtschaftsschule des Kaufmännischen Vereins. Der Schulweg am Dienstagabend mit Postauto und Zug vom italienischen übers rätoromanische ins deutsche Sprachgebiet dauert fast vier Stunden. Am Mittwochmorgen um acht beginnt die Schule. Am Donnerstagabend gehts zurück.

DEUTSCH LERNEN IST «PFLICHT»

Unterrichtet werden 26 MPAs im ersten Lehrjahr. Mit von der Partie ist ein Praxisassistent. Im Mittelpunkt des Stundenplans stehen die naturwissenschaftlichen Grundlagenfächer Chemie und Physik, zudem Krankheitslehre, Anatomie, Physiologie und Biologie, Praxis-Administration und Kommunikation.

Unterrichtet werden auch die Fächer Terminologie, Hygiene und Arbeitssicherheit, Labor, Allgemeinbildung, Sport – und Italienisch. Davon ist Gloria, zusammen mit vier anderen italienischsprachigen Kolleginnen, dispensiert.

Sie ginge lieber im Tessin zur Schule, gibt Gloria unumwunden zu. Das wäre für sie, was die Sprache betrifft, viel bequemer. Allerdings weiss sie, wie alle anderen Jungen im Bergell, dass sie Deutsch lernen muss, «weil die beruflichen Möglichkeiten sonst eingeschränkt sind». Eine «Pflicht» sei das. Auf diesen Punkt hat auch der Arzt Hans Bänninger Wert gelegt, bevor Gloria ihre Lehre begonnen hat. Sie hat deshalb einige Wochen in einer Familie in Österreich verbracht und ist so recht gut gerüstet nach Chur in die Schule gezogen. Gleichwohl ist sie am Ende eines Schultages jeweils hundemüde. Sie müsse sich beim Unterricht immer hundertprozentig konzentrieren, nicht wie die anderen, die auch einmal abschalten könnten.

HEIMAT BERGELL

Ob ihre berufliche Zukunft im Bergell liegt, weiss Gloria noch nicht. Sicher weiss sie nur, dass sie einmal für einige Zeit weg will, andere Welten kennenlernen, wie sie beim Nachtessen in einem Restaurant sagt. Australien kommt ihr spontan in den Sinn, oder Afrika, «warum nicht?». Oder – und dabei lacht sie – eben das Tessin, «weil man dort auch Italienisch spricht».

Weggehen, wohin auch immer, sei nicht nur zu empfehlen, es sei «importantissimo», ein Muss, unterstreicht Gian Andrea Walther, der zur Tafel gestossen ist. Walther ist eingefleischter Bergeller, der aber immer über das Tal hinausgeschaut hat. Viele Jahre hat er als Lehrer in Stampa die Jugend des ganzen Tals unterrichtet, die Ausbildung als Sekundarlehrer hat er in Zürich absolviert. Gloria und er kennen sich gut. Ja, sagt sie, betont aber allen Weltträumen zum Trotz: «Meine Heimat ist das Bergell. Hierher kann ich immer zurückkehren.»

Dass Gloria in ihrer Heimat Bergell eine Lehrstelle gefunden hat, ist ein Glücksfall. Nach Auskunft des Amts für Berufsbildung in Chur besitzen zurzeit im ganzen Tal 29 Betriebe eine Ausbildungsbewilligung, aktuell sind allerdings nur dreizehn Lehrverträge am Laufen. Noch rarer sind die offenen Lehrstellen: An einer Hand lassen sie sich abzählen, wie der Lehrstellennachweis (LENA) des Bundesamts für Berufsbildung und Technologie zeigt.

Damit kann die Nachfrage nicht befriedigt werden. Auf Ende des Schuljahres 2012 verlassen dreizehn Schülerinnen und Schüler die Schule in Stampa. Sechs haben im Tal oder anderswo eine Lehrstelle gefunden, ein Schüler schnuppert, fünf haben sich für das zehnte Schuljahr entschieden, mit Schwerpunktfach Deutsch, wie Walther berichtet, und einer besucht eine Mittelschule.

«IN ITALIEN SIND DIE LEUTE OFFENER»

Weil das Angebot im Bergell begrenzt ist, müssen oder wollen einige ihr Glück im Engadin suchen, oder noch weiter weg. Gloria erzählt von einem Lehrlingshaus in Samedan, wo etwa zehn Bergeller wohnen. Das Paradoxe an der Situation: Diese jungen Leute sind regelmässig zusammen und haben so – untereinander – mehr Kontakte zu Bergellern als Gloria, die im Bergell wohnt, dort aber unter der Woche häufig allein ist, «niemanden sieht».

Was aber unternimmt die Bergeller Jugend am Wochenende? Man treffe sich im «Punto» in Vicosoprano, erzählt Gloria, oder im Keller des Palazzo Castelmur in Coltura, wo einmal im Monat Feste organisiert werden. Auch sie ist bei der Organisation mit dabei. Und sonst, was zieht mehr: Nord oder Süd? St. Moritz oder das italienische Städtchen Chiavenna? Keine Frage: Italien. «Die Mentalität dort gefällt mir besser», sagt Gloria mit Entschiedenheit, «die Leute sind offener.» Und man spricht Italienisch.

Genau gleich urteilt die MPA Sabrina Pedroni. Sie wohnt in Vicosoprano, reist aber immer wieder gern in den Süden. Chiavenna sei näher, es sei wärmer dort, die Vegetation sei schöner, und die Preise seien tiefer. Auch in dieser Beziehung also verstehen sich Gloria und ihre Kollegin bestens. Keine Frage, dass diese Gemeinsamkeit zum guten Klima in der Arztpraxis beiträgt.

CARLO GOMES, ANGEHENDER MÜLLER IN EINEM WERK FÜR TIERFUTTER IN BURGDORF, WEISS, WIE EINE SCHNECKENWELLE FUNKTIONIERT UND WIE FERKEL SCHNELL SPECK ANSETZEN. SEINE BERUFLICHE ZUKUNFT SIEHT ER NICHT IM EMMENTAL, SONDERN IN ÜBERSEE.

Von Ursula Binggeli

Bestellung
Lieferung gegen Rechnung zzgl. Versandspesen

bitte
frankieren

Ex. Autor/in, Titel

Adresse

Vorname

Name

Strasse

PLZ/Ort

Limmat Verlag
Quellenstrasse 25
Postfach
8031 Zürich

Liebe Leserin, lieber Leser,
wir sind sehr interessiert an Ihrer Meinung zu diesem Buch. Ihre Antwort werden wir gerne auch an die Autorin oder den Autor weiterleiten.

1. Welchem Buch haben Sie diese Karte entnommen?

2. Was hat Ihnen an diesem Buch gefallen? Was nicht?

Bitte senden Sie mir per E-Mail Informationen zu

☐ Neuerscheinungen (6–10mal im Jahr)
☐ Veranstaltungen (wöchentlich)

E-Mail-Adresse: ______________________ @ ______________________

☐ Ich möchte Gönner/in des Verlags werden, bitte senden Sie mir Unterlagen.
(Adresse auf der Vorderseite nicht vergessen!)

Ganz zuoberst liegt die Schatzkammer. Während es in den darunter liegenden dreizehn Etagen mehrheitlich dröhnt und rattert, herrscht im vierzehnten Stock des Kraftfutterwerks der Kunz Kunath AG angenehme Ruhe. Carlo Gomes, angehender Müller mit Fachrichtung Tiernahrung im dritten Lehrjahr, zieht beim Betreten des Raums die Gehörschutzstöpsel aus den Ohren und sagt mit Blick auf die nüchternen Holzgestelle im Raum: «Es sieht zwar alles ein bisschen nach IKEA aus, aber hier lagern gut und gern ein paar Millionen Franken.»

Die Kostbarkeiten – Vitamine, Spurenelemente, Aromastoffe – sind in grossen weissen Papiersäcken versteckt: strahlend blaues Kupfer, rüeblirotes Karotin, weiss schimmernder Traubenzucker, nicht gramm-, sondern gleich zentnerweise. «Schön, nicht wahr?» Das Karotin zum Beispiel sorge dafür, dass Eigelb wirklich gelb sei. Aus einem weiteren Sack riecht es verführerisch nach frischen Äpfeln – «ein wirksamer Appetitanreger für Ferkel».

Kunath-Futter, das ist fein, sagt jedes Huhn und jedes Schwein, verkündet ein altes Plakat, das zuunterst im Werk hängt – in der Annahmestelle, dort wo Eisenbahnwagen, Camions und von Traktoren gezogene Anhänger vorfahren, beladen mit Gerste, Weizen und anderem Getreide. An diesem heiteren Firmencredo hat sich bis heute nichts geändert. Gesund und gefrässig sollen Rind, Huhn und Co. sein, und bekömmlich und appetitlich die aus ihnen gewonnen Produkte – das Ei, das Fleisch, die Milch. Die im vierzehnten Stock gelagerten Zusatzstoffe geben den im Futterwerkturm hergestellten Presswürfeln und Flocken – Markenname: FORS – inhaltlich den letzten Schliff.

VOM KORN ZUM FUTTERWÜRFEL

Das Kraftfutterwerk der Kunz Kunath AG liegt in Burgdorf, ganz am Rande, dort wo die Stadt nach Norden hin ausfranst. Gewerbebetriebe, Ausfallstrassen, Parkplätze, eine McDonald's-Filiale, dahinter offenes Land. Vierzig Jahre alt ist der 65 Meter hohe Produktionsturm – ein technisches Hochleistungswerk, Welten entfernt von der idyllischen Bilderbuchmühle mit Mühlerad und rauschendem Bach.

Das Getreide wird in grossen, langen Rohren von unten nach oben und schliesslich wieder nach unten befördert; die Produktionsstrasse verläuft vertikal. Auf jeder Etage findet ein anderer Arbeitsgang statt. Reinigen, Mahlen, Mischen, Pressen respektive Flöckeln, um nur die wichtigsten zu nennen.

Wer hier arbeitet, ist ein fleissiger Treppensteiger und Liftfahrer. Denn auch wenn fast alles automatisiert ist, so muss doch regelmässig gecheckt werden, ob das, was man in der grossen Schaltzentrale im ersten Stock eingetippt hat, in den oberen Stockwerken tatsächlich zum gewünschten Resultat führt. «Wenn du einen falschen Schieber betätigst, hast du nachher allerhand zum Aufräumen», sagt Carlo Gomes und muss ein bisschen grinsen, weil ihm die eine oder andere Episode aus seinem ersten Lehrjahr in den Sinn kommt.

Und natürlich muss die ganze Anlage fortwährend gereinigt werden – auch das eine der wichtigen Aufgaben für Berufsanfänger. Er habe beim Putzen sehr viel gelernt, erzählt Carlo Gomes. «Ich habe mir die Maschinen immer ganz genau angeschaut. Und am Feierabend habe ich dann daheim im Fachbuch nachgelesen, welche Art von Maschine das ist, die ich da gereinigt habe, wie sie konstruiert ist, wie sie funktioniert.»

TECHNIK UND TIERE

Sein Interesse fürs Technische hatte den heute Neunzehnjährigen im letzten Volksschuljahr zuerst in Schnupperlehren bei einem Motorradmechaniker und einem Maschinenkonstrukteur geführt. Beides sei spannend gewesen, erinnert er sich, aber für seinen Geschmack im einen Fall zu einseitig und im anderen zu schreibtischlastig. Beim Schnuppern im Kraftfutterwerk war das dann ganz anders. Er war auf Anhieb begeistert. «Als Müller ist man nie am Herumhocken, sondern immer im Betrieb unterwegs. Und man hat zwar sehr viel mit Technik zu tun, aber auch noch mit anderen Dingen.»

Ein Müller bewegt sich in ganz verschiedenen Themenbereichen – und das war es, was Carlo Gomes suchte. Neben Maschinenkunde sind Warenkunde und Verfahrenstechnik die wichtigsten Pfeiler der Ausbildung. Und natürlich muss ein Futtermüller daneben allerhand über die Tiere wissen, die das von ihm hergestellte Produkt schliesslich fressen.

An der Berufsschule im sanktgallischen Uzwil, die er zusammen mit achtzehn anderen angehenden Müllerinnen und Müllern aus der ganzen Deutschschweiz besucht, erfährt Carlo Gomes deshalb zum Beispiel, wie die Verdauung einer Kuh funktioniert oder was es alles braucht, damit Hühner eifrig Eier legen und Ferkel schnell Speck ansetzen.

Daneben lernt er auch viel über nochmals ganz andere Tiere – über Schädlinge wie die Mehlmilbe oder den Getreidekapuziner, die im Müllereibetrieb wie im Schlaraffenland leben würden, wenn man ihrem Treiben nicht mit sorgfältigster Hygiene den Riegel schieben würde. Die grössten Feinde des Müllers sind aber die Mäuse. Während Müller in alten Zeiten mit Fallen operierten und Katzen hielten, wird heute zu einer viel radikaleren Massnahme gegriffen: All sechs Monate wird das ganze Kraftfutterwerk für ein paar Stunden dicht gemacht und begast.

Carlo Gomes macht keinen Hehl daraus, dass sein Herz für die technische Seite seines Berufs schlägt. Denn auch wenn er als Kind manchmal Ferien auf einem Bauernhof gemacht habe, sei er kein Bauernsohn, der mit Tieren aufgewachsen sei, wie viele seiner aus dem nahen Emmental stammenden Arbeitskollegen. «Ich bin eher ein Städter.» Dass seine Lehre gerade in die Zeit zu liegen kam, in welcher der Betrieb eine neue, supermoderne Produktionslinie installierte, sei für ihn ein Glücksfall, sagt er. «Es ist toll, bereits in der Lehre so etwas miterleben zu können.»

SEPARATOR UND SCHNECKENWELLE

Carlo Gomes ist 2001 als Achtjähriger mit seiner Familie aus dem Heimatland Brasilien in die Schweiz emigriert. Sein Vater arbeitete als Servicetechniker bei ABB. Anders als die ältere Schwester, welche noch in Brasilien einen Deutschkurs besuchte, wurde Carlo ins kalte Wasser geworfen: Einschulung in Solothurn, ohne ein Wort Deutsch sprechen zu können. Das war hart.

Aber diese Geschichte ist für ihn mittlerweile Schnee von gestern, er lebt bereits länger in der Schweiz, als er in Brasilien gelebt hat, und dass

seine Muttersprache Portugiesisch ist, hört man nur, wenn man es weiss: Sein Solothurnerdeutsch ist ein klein bisschen verschliffener als üblich, sein Sprechtempo etwas höher.

Wenn Carlo Gomes in den letzten Jahren mit einer Sprache kämpfte, dann war das mit der Fachsprache seines Berufs, die unzählige Begriffe kennt, welche für Aussenstehende unverständlich sind. Die Maschinen im Kraftfutterwerk zum Beispiel tragen Namen wie Separator oder Schneckenwelle.

«Diese Wörter hörst du in der Schule, du liest sie im Fachbuch, und dann ist es total gut, dass du sie auch im Lehrbetrieb immer wieder hörst. Wenn dir der Lehrmeister sagt, du sollst den Separator putzen gehen, dann erfährst du in der Praxis, was das ist, und das Wort wird Teil deines Alltags.»

GRENADIER STATT KÜCHENCHEF

Viele neue Begriffe hat Carlo Gomes auch in der Warenkunde kennengelernt. Denn Tierfutter besteht nicht nur aus Getreide und Zusatzstoffen, sondern aus vielen weiteren Zutaten. Fett, Melasse, Sojaöl, Sojaschrot, Obsttrester, Haferschalen, Kartoffeleiweiss, Wallwurz, Maismehl, Rüben-Trockenschnitzel, Zitronensäure, Kräutermischungen – die Liste ist lang. Kein Wunder, riecht es im Betrieb auf jeder Etage ein bisschen anders, je nachdem was dort dem Futter gerade beigemischt wird. Manchmal liegt der süsse Duft von Malz in der Luft, manchmal der beissende Geruch von Natrium.

Dass Carlo Gomes sich gut mit Nahrungsmitteln auskennt, hätte ihn bei der Aushebung für die Rekrutenschule beinahe in die Truppenküche geführt. Aber das wäre für ihn eine Enttäuschung gewesen. «Ich wollte zu den Grenadieren!» So wie die meisten seiner Kollegen in der Eishockeymannschaft, in der er in seiner Freizeit spielt. Dass er dann tatsächlich den Grenadieren zugeteilt worden ist, macht ihn stolz und glücklich. «Es wird sicher hart werden, aber ich will das einfach probieren.»

BERUFSZIEL WANDERMÜLLER

Auch beruflich weiss Carlo Gomes genau, was er will. Nach Abschluss der Lehre möchte er sich an der Schweizerischen Müllereifachschule in St.Gallen zum Müllereitechniker weiterbilden. Allerdings ist er dafür noch zu jung und muss deshalb noch drei Jahre zuwarten. So wird er vor und nach der Rekrutenschule Berufserfahrung sammeln und sein Leben ein Stück weit neu organisieren. Denn ein moderner Müller arbeitet Schicht; die Maschinen im Kraftfutterwerk laufen fast rund um die Uhr. Als Lernender hatte er noch Schonzeit, nach der Lehrabschlussprüfung wird es damit vorbei sein.

Das wird Auswirkungen auf seine Freizeitgestaltung haben, das ist ihm bewusst. Ein regelmässiges Eishockeytraining wie bis anhin wird nicht mehr möglich sein. Zeit für Sprachkurse wird aber bleiben, und dies wird Carlo Gomes nutzen. Das Schulfranzösisch verbessern, Englisch lernen - das steht in den kommenden Jahren fix auf dem Programm.

Mehrsprachigkeit ist Voraussetzung für das, was er später einmal machen will: für die Bühler Group in Uzwil SG, eine der weltweit führenden Firmen in Sachen Mühlenbau, als sogenannter Wandermüller auf allen Kontinenten unterwegs sein, um Mühlen zu revidieren oder neu in Betrieb zu nehmen. «Da arbeitet man dann mit Mais, Reis und Soja», sagt er. «Und in den afrikanischen Ländern gibt es nochmals andere Getreidesorten.»

Bereits sein Vater, der Servicetechniker, ist lange Jahre auf Montage im Ausland gewesen. Das will Carlo Gomes nun auch - herumreisen, die Welt sehen, vor neuen Herausforderungen stehen. Gerne würde er sich einmal die Mühlen in Brasilien anschauen, wo er seit dem Umzug in die Schweiz vor elf Jahren nicht mehr gewesen ist. «Dort gibt es Betriebe, die viel, viel grösser als die unseren sind.» Oft seien sie spezialisiert auf ein paar wenige Getreidesorten oder nur auf eine - zum Beispiel Mais. «All das will ich einmal sehen. Unbedingt.» Wohnen will Carlo Gomes aber weiterhin in der Schweiz.

MAEVA BÉCHIR WOHNT IN CHAVANNES-SUR-BOGIS BEI GENF. IHRE LEHRE ABSOLVIERT SIE IM SCHWEIZERISCHEN NATIONALGESTÜT AVENCHES VD, UNWEIT DER SPRACHGRENZE. DIE ANGEHENDE PFERDEFACHFRAU WIRD HIER ZUR «KLASSISCHEN REITERIN» AUSGEBILDET.

Von Judith Wyder

harasnational.ch

Nicht Pferde sind das erste, was die Besucherin zu Gesicht bekommt, als sie sich vom mittelalterlichen Städtchen Avenches dem Schweizerischen Nationalgestüt SNG nähert. Nein, über der Broye-Ebene mit ihren saftigen Wiesen segelt in luftiger Höhe ein Storch. Auf den Kaminen der unter Denkmalschutz stehenden Gebäude des Haras national suisse haben Weissstorch-Pärchen ihre Liebesnester hergerichtet.

HARMONISCHE EINHEIT

In der Reithalle des Gestüts reitet die zwanzigjährige Maeva Béchir auf dem Freiberger-Hengst Néco eine grosse Volte. In ein paar Monaten wird ihre dreijährige Lehre als Pferdefachfrau hier zu Ende gehen.

Vor der Besuchertribüne im oberen Bereich der Halle liegen vier Stangen am Boden. Bereiter Damian Heinzmann hat sie zu Beginn der Stunde in einem Abstand von etwas mehr als einem Meter nebeneinander platziert.

In der Mitte der Reithalle stehend, verfolgt Heinzmann Reiterin und Pferd konzentriert. Von Zeit zu Zeit erteilt er Anweisungen auf Französisch: «Galope!», ruft er Maeva zu. «Und nimm ihn auf, damit er nicht zu fest aufs Gebiss liegt, er soll mit dem Kopf oben bleiben.» Néco wechselt geschmeidig vom Trab in den Galopp. Seine Reiterin sitzt ruhig im Sattel. Die Hilfen, die Maeva gibt, sind kaum sichtbar. Sie bildet mit ihrem Pferd eine harmonische Einheit.

In der oberen Hälfte der Reithalle angekommen, steuert das Paar die Stangen an. «Reste au galop», mahnt Heinzmann noch einmal. Das Pferd spitzt die Ohren und das Paar gleitet im Trab über die Stangen. Mit federndem Rücken zieht Néco die Beine hoch. Einmal, zweimal, dreimal, viermal.

Stangenarbeit fördert beim Pferd allgemein die Aufmerksamkeit. Gleichzeitig entwickelt es einen besseren Takt in allen drei Gangarten. Maeva trainiert mit Néco für ein Turnier: Die Pferdefachfrau aus Chavannes-de-Bogis bei Genf wird in eineinhalb Wochen an der Frühlingsmesse Bea/Pferd in Bern für das Team Haras national im Super-5-Kampf an den Start gehen.

Obwohl eigentlich das Springreiten Maevas Königsdisziplin ist, bestreitet sie dieses Jahr das Dressurprogramm. Für das Springen hat sie ihrer Schwester Céline, die im SNG ebenfalls ihre Lehre absolviert, den Vortritt gelassen.

STALLARBEIT UND BERUFSSCHULE

Nach der Stunde sattelt die Pferdefachfrau Néco ab und kühlt dem Hengst mit dem Wasserschlauch die Beine. Nicht die Säuberung steht dabei im Vordergrund, sondern die Anregung des Blutkreislaufs. Welches Fazit zieht Maeva nach diesem Training? Das Galoppieren sei mit Néco nicht einfach, sagt sie. «Der Hengst kann die Spannung nicht halten und fällt darum immer wieder in Trab.»

Heute Morgen um sieben Uhr hat Maeva zuallererst acht Boxen ausgemistet. Auch das gehört zu ihrem Job: Stallarbeit und die Pflege der Pferde. Jeden Donnerstagmorgen besucht sie zudem einen halben Tag die Berufsfachschule in Moudon; vom zweiten Halbtag ist sie dispensiert, weil sie das Gymnasium in Nyon absolviert hat.

Zur Berufsbildung gehören die Arbeitssicherheit; Gesundheits- und Umweltschutz; Pferdeernährung und -pflege; Voltigieren; Verhaltensweise der Tiere; Schulung des Pferdes durch Longier-, Boden- und Handarbeit; Reittechnik und Reitunterricht.

Im ersten Jahr beginnen alle mit der Fachrichtung Pflege. Vor dem zweiten Ausbildungsjahr gibt die Organisation der Arbeitswelt (OdA) der Pferdeberufe den Lehrlingen eine Empfehlung bezüglich der Fachrichtung. Maeva hat damals das «Klassische Reiten» gewählt. Weitere Fachrichtungen sind Western- und Gangpferdereiten, Pferderennsport sowie Pferdepflege. Und ab Mitte 2012 neu das Gespannfahren.

Néco war heute das vierte Pferd, das Maeva bewegt hat. Wenn sie frühmorgens im Schweizerischen Nationalgestüt ihre Arbeit beginnt, sieht sie auf dem Stundenplan im Aufenthaltsraum, welche Tiere ihr zugeteilt sind. Diese Woche betreut sie die jungen Pferde der Gruppe Jean-Pierre Musy. Fiola, Hanibo, Curtis, alles Freiberger, die höchstens drei Jahre alt sind. Und noch ziemlich grün hinter den Ohren. Oft trainiert die Pferdefachfrau bis zu sieben Tiere pro Tag. Mit anderen Worten: Sie reitet und reitet und reitet.

VOM STREITROSS ZUM FREIZEITPFERD

Das Schweizerische Nationalgestüt in Avenches existiert seit 1899 und ist heute ein hochgeschätztes Kompetenzzentrum für Pferdehaltung und -zucht. Speziell gehegt und gepflegt wird auf dem «Pferdehof der Nation» der Freiberger, die einzige ursprüngliche schweizerische Pferderasse. Seine Heimat ist der französischsprachige Jura, Les Franches-Montagnes.

Aufgrund seines gemütlichen Charakters eilt dem «Friibi» auch der Ruf voraus, er sei der Berner unter den Pferden. Früher wurden die Freiberger wegen ihrer Robustheit vor allem in der Landwirtschaft und Armee eingesetzt. Heute machen sie landauf, landab als leistungsstarke und charaktervolle Freizeitpferde eine gute Figur.

2010 jedoch zogen am Himmel über Avenches plötzlich dunkle Wolken auf. Der Bund klagte, er müsse sparen. Das Schweizerische Nationalgestüt belastete das Budget mit sieben Millionen Franken und landete auf der Abschussliste. Maeva befand sich damals gerade im ersten Lehrjahr. Durch die Gemeinde der Pferdeliebhaber ging ein lauter Aufschrei.

Für eine Petition sammelten die Rösseler kurzerhand 62 000 Unterschriften. Hoch zu Ross ritten sie in Bern ein und demonstrierten für das «Kulturgut Freiberger Pferd». 2011 war die Schliessung abgewendet. Der Protest der Rösseler hatte die Politiker in Bern hellhörig gemacht; geholfen hatte aber vor allem, dass am Ende mehr Geld als budgetiert in der Bundeskasse lag.

So oder so: Das SNG war gerettet. Die sechzig Freiberger Zuchthengste – Néco inklusive – blieben, wo sie waren, und vererben seither ihre guten Gene fleissig weiter. Maeva war als Lernende des Gestüts bei der Berner Demonstration nicht dabei. Sie habe aber immer gehofft, dass die Schliessung verhindert werden könne, sagt sie.

Trotzdem räumt sie ein, dass sie eher zufällig im Gestüt gelandet sei und für die Lehrstelle auch nicht habe kämpfen müssen. «Es kam mir zu Ohren, dass es hier einen freien Ausbildungsplatz gibt. Dieser interessierte mich, weil ich von Avenches aus unter der Woche auch ab und zu nach Hause fahren kann, um mich dort um meine eigenen Pferde zu kümmern. Dass hier fast nur Freiberger Hengste im Stall stehen, wusste ich vorher gar nicht.»

Nichtsdestotrotz gefiel ihr, was sie sah. Und auch der Lehrbetrieb war von ihrem Talent überzeugt. Bereiter Damian Heinzmann: «Maeva zeigt als Reiterin sehr viel Gefühl und kann mit jedem Pferd umgehen.» Zurzeit kommen zwei der drei lernenden Pferdefachfrauen im Gestüt aus der Westschweiz. Daher sprechen Ausbildner und Lehrlinge vor allem französisch miteinander. Maeva ist das recht: «Mein Deutsch ist nicht besonders», sagt sie.

PFERDEBERUF ODER JOB IN DER FINANZWELT

Maevas Herz begann, wie bei so vielen jungen Mädchen, sehr früh für die Pferde zu schlagen. Ihre Mutter arbeitete als Reitlehrerin. Die Tochter wuchs quasi auf dem Pferdehof auf. Mit vier oder fünf setzte sie die Mutter zum ersten Mal auf ein Pony. Mit zehn ritt Maeva ihre ersten Hindernisparcours: auf einem belgischen Draufgänger namens Simoun, ihrem ersten eigenen Pony.

Mit einem Pferdeberuf hat die Westschweizerin immer geliebäugelt. Trotzdem war für sie lange unklar, ob sie die Passion wirklich zum Beruf machen wollte. «Ich hätte mir auch einen Job in der Finanzwelt vorstellen können.» Eine Weile überlegte sie sich daher, eine höhere Wirtschaftsschule zu absolvieren, parallel zur Ausbildung als Pferdefachfrau.

Doch dieses Vorhaben verwarf sie schnell. «Es wäre zu viel gewesen – und irgendwann dachte ich, es geht auch ohne. Verletzungsgefahr hin oder her.» Obwohl der Pferdeberuf körperlich anstrengend ist, ergreifen ihn beinahe nur Frauen. Auf zehn Prozent schätzt der Präsident der OdA Pferdeberufe, Patrick Rüegg, den Anteil an Pferdefachmännern in der Schweiz.

Viele Pferdefachfrauen jedoch hängen ihren Beruf nach fünf Jahren wieder an den Nagel und nehmen eine Zweitausbildung in Angriff. «Die

körperliche Belastung in diesem Beruf ist schon sehr gross. Nur diejenigen mit eisernem Willen bleiben dabei», sagt Rüegg.

Auch Maeva steigt nicht jeden Tag gleich gerne aufs Pferd. Im Winter, wenn es kalt ist – und die Turniere vorbei sind – sei es manchmal schon hart, sagt sie. Oder auch im Sommer, bei schwüler Hitze und mit nervigen Bremsen im Schlepptau.

SPRINGREITERIN MIT ZUKUNFT

Trifft sich Maeva mit Freunden im Ausgang, wird nicht über Pferde gesprochen. «Ich brauche dann auch mal eine Pause, und ja, meine Freunde haben mit Pferden eigentlich eh nichts am Hut.» Dennoch hat Maeva ein klares Ziel vor Augen: Sie will in Zukunft als Springreiterin vorne mitreiten im Land. Nicht heute und nicht morgen, aber irgendwann mal, meint sie.

«Als Kind habe ich mit den Ponies oft den Sieg nach Hause getragen. Ich habe nicht viel überlegt, bin volles Risiko geritten», sagt sie. Heute sei das anders. Sie reite im Moment ja vor allem junge Pferde. Mit diesen wolle sie einen sauberen und stilsicheren Hindernisparcours hinlegen. «Wenn man gewinnen will, muss man aufs Ganze gehen, doch einem jungen Pferd sollte man Zeit lassen, bis es genügend reif ist für seine Aufgabe.»

Eineinhalb Wochen später reitet Maeva an einem Sonntagmorgen um halb elf Uhr mit hübschem Hut, schwarzer Reitjacke und adretter Frisur an der Frühlingsmesse Bea/Pferd in die Halle 682 ein. Auf der Tribüne: ein reges Kommen und Gehen von Messebesuchern.

Der ungewohnte Betrieb verunsichert Néco. Er schmettert ein lautes Wiehern durch die Halle. Dann erklingt die Startglocke. Maeva trabt mit dem Hengst die Mittellinie runter und hält an. Sie grüsst die Richter. Die Genauigkeit der Figuren, der Sitz der Reiterin und ihr Einwirken, die Gänge des Pferdes und die Korrektheit in der Ausführung der Lektionen werden von den Richtern beurteilt.

Das Programm gelingt den beiden gut, nur einmal fällt Néco aus dem Galopp. Maeva verzieht keine Miene, reitet konzentriert weiter. Als sie sich nach dem Dressurprogramm zu ihren Kolleginnen auf die Tribüne gesellt, an einem Sandwich kauend, fragt sie lächelnd in die Runde: «J'espère que je ne suis pas la dernière?», «Ich hoffe, ich bin nicht Letzte?» Mais non, Maeva. In der Dressur erzielt sie an diesem Tag das viertbeste Resultat.

MEHMEDALI VRANGALA BEENDET DIESES JAHR DIE LEHRE ALS PAPIERTECHNOLOGE IN DER PERLEN PAPIER AG IN ROOT LU. DIE SCHULBANK DRÜCKT ER IM BADENWÜRTTEMBERGISCHEN GERNSBACH.

Von Judith Wyder

Von weitem sieht man sie, die schneeweissen Wasserdampffahnen. Sie sind das Wahrzeichen der Perlen Papier AG, einer der grössten Papierfabriken der Schweiz. Vor 150 Jahren war hier im Luzerner Rontal Sumpfgebiet. Doch dann, 1872, beschloss der Krienser Unternehmer August Bell, die vorhandenen Wasserkräfte zu nutzen und auf dem unwirtlichen Flecken unweit der Reuss eine Holzstoff- und Papierfabrik zu errichten.

Bell erwarb ausreichend Land, liess es entwässern, baute Strassen, Werkleitungen, eine Wehranlage im Fahr und einen Fabrikkanal vom Fahr bis Unterperlen in der Gemeinde Root. 1873 folgte der Bau der ersten Industrieanlagen mit einem Kraftwerk und mit zwei riesigen Papiermaschinen. Im gleichen Jahr startete in Perlen die Papierproduktion. Zuerst war also die Papierfabrik da - und erst danach das Dorf, eine Ansiedelung des Werks. Bis heute ist das Industriedorf Perlen keine eigene Gemeinde. Der einwohnermässig grössere Teil gehört zu Buchrain, die industriellen Anlagen sind Teil der Gemeinde Root.

ZWEI VRANGALAS IN DER PAPIERFABRIK

Der achtzehnjährige Mehmedali Vrangala kommt aus Buchrain. Er lebt also von jeher in Sichtweite der imposanten Wasserdampfsäulen. Vor ihm hat sein acht Jahre älterer Bruder im Unternehmen die Lehre als Papiertechnologe absolviert. 2006 schloss dieser die Ausbildung erfolgreich ab. Danach erhielt er eine Festanstellung im Betrieb.

Drei Jahre später, im Spätsommer 2009, trat der jüngere Bruder in seine Fussstapfen. Dennoch war es für Mehmedali nicht gegeben gewesen, den gleichen beruflichen Werdegang einzuschlagen wie der Bruder, im Gegenteil. «Ich tat mich schwer mit der Berufswahl», sagt er.

Bevor der Sek-C-Abgänger nämlich sein Gespür für gewaltige Maschinen entdeckte, hatte er viele Schnuppertage absolviert: bei den Polymechanikern, Logistikern und den Automechanikern, den heutigen Automobil-Mechatronikern. Seiner Sache sicher gewesen sei er jedoch erst nach der Schnupperlehre als Papiertechnologe in Perlen: «Die Technik, die hinter den modernen Maschinen und dem Prozess der Papierherstellung steckt, hat mich von Beginn weg fasziniert», sagt er.

Lärm und Hitze seien zwar manchmal belastend, aber Nachteile gebe es schliesslich in jedem Job. Im Sommer habe er immer mehrere T-Shirts dabei, weil er ständig nass und verschwitzt sei. Seine Wahl hat Mehmedali bis heute nicht bereut: «Mein Job ist vielfältig, kein Tag ist gleich wie der andere», sagt er. Positiv findet er auch, dass in der Firma ein familiäres Klima herrsche. «Alle ziehen am gleichen Strang, sind hilfsbereit und locker.»

DIE PM7 IST SEINE KRONFAVORITIN

Mehmedali sitzt in einem kleinen Besprechungszimmer. Drei Türen weiter steht man vor einer gigantischen Papiermaschine. Sie füllt einen Raum so gross wie ein Flugzeughangar und ist so schwer wie der Eiffelturm: die PM7, Mehmedalis Kronfavortin unter den Papiermaschinen. Als Mehmedali 2009 seine Lehre in Perlen begann, war bereits klar, dass hier ein Jahr später die grösste und modernste Papiermaschine Europas ihren Betrieb aufnehmen würde.

Heute füllen beim Papiertechnologie-Stift zu Hause die Unterlagen über die PM7 einen ganzen Ordner. «Ich habe miterlebt, wie die Maschine Stück für Stück montiert wurde, das ist einmalig und eindrücklich zugleich.»

Die Begeisterung des jungen Mannes lässt sich nachvollziehen, wenn man mit ihm vor dem Papier-Koloss steht, der mit seinen Massen jegliche Vorstellungskraft sprengt: 10000 Tonnen schwer, 130 Meter lang. Die PM7 läuft das ganze Jahr ohne Unterbruch. Täglich entstehen 1000 Tonnen Zeitungspapier. Nach zwei Wochen hat die Maschine eine 9,6 Meter breite Papierbahn produziert, die einmal um den Erdball reichen würde.

Wenn jemand sage, dass er das KV mache, verstünden alle, wovon er spreche, sagt Mehmedali. «Bei mir ist das anders. Obwohl alle Papier benutzen, haben die wenigsten eine Ahnung davon, wie Papier überhaupt hergestellt wird.» Darum müsse er im Ausgang immer wieder erklären, worum es in seinem Job überhaupt gehe.

Die PM7 produziert Papier aus 80 bis 85 Prozent Altpapier, 15 Prozent

PM

Holzschnitzel und bis zu 5 Prozent Zellstoff. Der Faserbrei, in der Fachsprache Fasersuspension genannt, wird im sogenannten Stoffauflauf der Maschine zugeführt und auf einer Siebpartie ein erstes Mal «entwässert». Danach gelangt der Brei über einen Filz in die Papierbildung, wird weiter getrocknet und in den Walzen gepresst. Ein 4-Walzen-Kalander sorgt für eine gleichmässige Papierdicke und eine glatte Oberfläche.

Zum Schluss wird das Papier auf den Tambour aufgerollt. So entsteht eine riesige Rolle mit einem Durchmesser von 4 und einer Breite von 9,6 Metern. Sie wird in die Rollenschneidmaschine eingehängt und, der gewünschten Breite entsprechend, zerschnitten. Diesen Prozess muss Mehmedali überwachen, damit keine Abweichungen von der Bestellung resultieren.

SCHICHTARBEIT UND BERUFLICHE CHANCEN

Mehmedali arbeitet in drei Schichten: von 6 bis 14 Uhr, von 14 bis 22 Uhr und von 22 bis 6 Uhr. Am liebsten ist ihm die Frühschicht: «Weil ich noch etwas vom Tag habe nachher.» Schlafen könne er immer, egal ob am Tag oder in der Nacht. In der Freizeit trifft er sich mit Freunden zum Fussballspielen oder er geht nach Luzern in den Ausgang.

Einmal im Jahr, im Sommer, reist Mehmedali mit seiner Familie nach Mazedonien, wo seine Eltern herkommen. Ihm falle dort immer wieder auf, dass er in der Schweiz die viel besseren beruflichen Chancen habe als seine gleichaltrigen Verwandten in Mazedonien. «Wer wirklich will, kriegt in der Schweiz eine Arbeit. In Mazedonien ist dem nicht so.»

Er selber habe in der Schweiz auch keine Diskriminierung erfahren. «Bei Absagen auf Bewerbungen habe ich natürlich kurz überlegt, ob mein Name den negativen Bescheid mitbeeinflusst hat.» Doch auch Schweizer Kollegen hätten Absagen gekriegt und er habe am Ende auch mehrere Zusagen erhalten.

FABRIKVELOS

Im Laufe der Lehre hat Mehmedali alle Maschinen im Werk kennengelernt: Alpa I und II, die Altpapier-Aufbereitungsmaschinen, die täglich

DEWALT

1500 Tonnen Altpapier verwerten, was von der Menge her der Hälfte des in der Schweiz gesammelten Altpapiers entspricht. Die PM4, die hochwertige Magazinpapiere produziert. Und natürlich die TMP-Anlage, die aus Holzschnitzeln Papierfaserstoff herstellt.

Als Papiertechnologe überwacht er die Anlagen und Qualitätsrichtlinien, führt Reparatur-, Unterhalts- und Aufräumarbeiten aus. Gerne arbeitet Mehmedali auch im Labor, dem «Adlerhorst» der Papierfabrik. Von hier aus sieht man über das ganze Fabrikgelände und versteht, warum auf dem Areal überall Fahrräder stehen: Die Mitarbeiter benutzen sie, um schneller von einer Fabrikationshalle zur anderen zu gelangen.

Geprüft wird im Labor etwa die Reissfestigkeit des Papiers, Glanz, Dicke, die Rauigkeit, Luftdurchlässigkeit und Reibung. Mehmedali greift nach einem Stück Papier und hält es gegen das Licht: «Je mehr Wolken in einem Papier zu sehen sind, desto dichter und gleichmässiger ist die Qualität.»

BESTANDENE PRÜFUNG

In einem Monat wird Mehmedali in Deutschland die Abschlussprüfung ablegen. Angehende Papiertechnologen aus der Schweiz und Deutschland absolvieren während ihrer dreijährigen Ausbildung pro Jahr zwei bis drei Unterrichtsblöcke von vier bis acht Wochen an der Papiermacherschule Gernsbach in Baden-Württemberg; in der Schweiz gibt es kein entsprechendes Angebot.

Neben den Fächern Physik, Chemie, Stoffaufbereitung, Papier-, Karton- und Wellkartonherstellung werden den Lehrlingen maschinen- und elektrotechnische Grundlagen vermittelt. «Im ersten Jahr gingen wir Schweizer alle zusammen in eine Klasse, wir sind vierzehn in unserem Jahrgang. Danach wurden wir auf verschiedene Klassen verteilt», sagt Mehmedali.

Unter der Woche wohnen die Lehrlinge in Gernsbach auf dem Schulgelände, am Wochenende fahren sie nach Hause. «Natürlich war der Ortswechsel etwas gewöhnungsbedürftig, gleichzeitig war vieles neu und spannend, vor allem auch der Austausch mit den deutschen Lehrlingen. Dass die Deutschen ein bisschen schneller sprechen als wir, hat mich nicht aus der Ruhe gebracht.»

Seit zwei Wochen hat die Perlen Papier AG einen Werkführer freigestellt, der mit den drei Lehrlingen des Betriebes tagsüber für die Prüfung paukt. Geübt wird auch am Computer, mit dem Caps-Simultationsprogramm, das den realen Prozess der Papierproduktion nachstellt, zum Beispiel die Altpapierauflösung im Flotationsverfahren zur Druckfarbenentfernung.

Christian Hentschel, der die Lehrlinge unterstützt, hat erst kürzlich die Werkführerprüfung abgelegt und ist mit dem Schulstoff daher sehr vertraut. «Wir legen den Fokus in der letzten Woche auf den Bereich Technik, weil da noch am ehesten Lücken bestehen», sagt er. Mehmedali zeige sich als Lehrling sehr engagiert und verfüge über ein gutes Grundwissen.

Der Papiertechnologie-Stift selber sieht der Prüfung mit gemischten Gefühlen entgegen. «Ich habe viel gelernt, und trotzdem denke ich immer, ich müsste noch mehr machen. Das ist typisch für mich: Obwohl ich viel weiss, ist da diese Prüfungsangst. Darum bin ich froh, wenn in ein paar Wochen alles vorbei ist.»

«Ich habe meine Abschlussprüfung erfolgreich bestanden», schreibt Mehmedali später in einer E-Mail. Die zweite gute Nachricht: Er kriegt, wie sein Bruder, eine Festanstellung im Betrieb. Mehmedali wird also weiterhin über Perlens mächtige Maschinen wachen.

CLEO KREBS, SCHUHMACHERIN IM ERSTEN LEHRJAHR, TRÄUMT IM ZÜRCHER KREIS 4 VOM PERFEKTEN HERRENSCHUH. DASS HANDWERK EINEN WERT HAT UND DASS TRADITION EINEN REICHTUM IN SICH BIRGT, HAT SIE SCHON ALS KIND ERFAHREN.

Von Ursula Binggeli

110
Züri-Sac
110

Ein Schuh kommt nie alleine. Immer gibt es deren zwei, und immer muss der eine dem anderen so sehr ähneln, dass die beiden ein harmonisches Paar abgeben. Seit sie im Sommer 2011 ihre Lehre angetreten hat, weiss Cleo Krebs, dass diese Harmonie keine Selbstverständlichkeit ist, sondern eine schuhmacherische Herausforderung. Denn: «Es sind Millimeter, die über die Form eines Schuhs entscheiden.» Handgefertigte Schuhe sind Meisterstücke.

Cleo Krebs, Jahrgang 1993, aufgewachsen in Twann am Bielersee, hat für ihre Schuhmacherlehre vom «Winzerkaff», wie sie es liebevoll nennt, in den Zürcher Stadtkreis 4 gewechselt, ein Quartier mit hohen, alten Stadthäusern, verwinkelten Hinterhöfen und einem bunten Mix von Gewerbe und Dienstleistung. Von der Kinderkrippe übers Stripteaselokal bis zum Grafikatelier gibt es hier alles, Tür an Tür. Mitten drin: die Schuhmacherei Eva Kirchhofer, von weitem erkennbar durch ein Schild, das - schwarz auf hellblau - eine schicke Stiefelette mit mörderisch hohem Absatz zeigt.

BARCELONA - ANTWERPEN - ZÜRICH

Als sie auf ihrer Lehrstellensuche die Schuhmacherei das erste Mal betreten habe, sagt Cleo Krebs, sei ihr sofort klar gewesen: Das ist es! Ihr gefielen die Räume - «schön offen» - das Ambiente - «ein bisschen flippig» - und die Inhaberin - «sie ist mit Herzblut dabei». Und dann die Werkstatt! Verschiedene zum Teil altehrwürdige Schuhnähmaschinen, Schleifmaschinen, eine Sohlenpresse, Ausweitmaschinen, unterschiedlichste Zangen, Hämmer, Scheren und Messer, daneben Leimtöpfe und Fadenrollen, das Ganze garniert mit vielen Pflanzen und die pastellgrünen Wände mit Bildern und Plakaten behängt - ein handfest-kreatives Universum.

Und mittendrin heute also Cleo Krebs, die eine kleine Führung durch den Betrieb gibt und am Schluss lächelnd sagt: «Ich bin mega glücklich hier.» Dabei kam sie ganz und gar nicht auf direktem Weg zur Schuhmacherei. Zwar habe sie - mal abgesehen von ihrer «Popstarphase» - die ganze Schulzeit über gewusst, dass sie einmal etwas Handwerkliches lernen und mit dreidimensionalen Dingen arbeiten würde. «Aber meine Berufswahl wurde dann doch ein ziemliches Drama.»

Als Kind habe sie in den Ferien in Barcelona einmal eine Bonbon-Manufaktur gesehen und sei völlig fasziniert gewesen. Damals habe sie sich in den Kopf gesetzt, dieses süsse Handwerk zu erlernen – obwohl es in der Schweiz keine Ausbildung dafür gibt. Sie sei so hartnäckig dabei geblieben, dass die Eltern ihr nach Abschluss der Volksschule zuerst einen Sprachaufenthalt in England und dann ein Praktikum bei einem Bonbonmacher in Amsterdam ermöglichten. Dort musste die Sechzehnjährige dann jedoch realisieren, dass eine Lehre in der Fremde nicht ihr Ding war. Der Kindertraum war ausgeträumt.

DAS HERZ DES SCHUHS

Etwas von A bis Z selber machen, etwas, was gebraucht wird, etwas, was geschätzt wird – ein solcher Beruf war es, den Cleo Krebs in der Folge zu suchen begann. Bei der Schuhmacherei wurde sie fündig. Und begann ein spannendes neues Terrain zu entdecken. Wie sind Schuhe gebaut? Was macht einen guten Schuh aus? «Am Anfang der Lehre hatte ich davon keinen blassen Schimmer.»

Das hat sich unterdessen geändert. Sie nimmt ein halbfertiges Modell von einem Gestell herunter und weist auf die sogenannte Brandsohle – die Innensohle, auf welcher die Fusssohle ruht. «Ich nenne sie das Herz des Schuhs.» An der Brandsohle werden sowohl der Schaft – also das Schuhoberteil – als auch die äusseren Sohlenschichten samt Absatz befestigt. Die gleichzeitig weiche und stabile Brandsohle hält den Schuh zusammen und gibt ihm seine Festigkeit. Der Rahmen, die Vorderkappe und die Hinterkappe runden das Ganze ab.

Das tönt einfach, ist es aber nicht. «Ein Schuh ist etwas Hochkomplexes», sagt Cleo Krebs. Und: «Seine Konstruktion ist während unendlich vielen Jahren ausgetüftelt worden.» Tatsächlich gibt es fast so lange Schuhe, wie es Menschen gibt. Bereits der im Gletschereis konservierte Ötzi trug eine Art Mokassin aus Fell, die ägyptischen Pharaonen schützten ihre Füsse mit Sandalen, und die römische Armee war auf benagel-

MAQUINAS
SINGER
PARA COSER

tem Schuhwerk unterwegs. Das eigentliche Schuhmachergewerbe entstand in Mitteleuropa um etwa 500 nach Christus – vor 1500 Jahren.

LIEBE ZUM KLASSISCHEN

In einem guten Schuh schlägt sich also eine lange, lange Geschichte nieder. Cleo Krebs weiss das zu schätzen. Wenn sie einen Schuh sieht, bei dem die Form stimmt und Eleganz und Schlichtheit sich mit einer Prise Zeitlosigkeit vereinen, ist sie hellauf begeistert. Ihre Favoriten sind nicht Pumps oder Ballerinas oder High Heels, sondern das Klassischste vom Klassischen. «Ich stehe auf schön gemachte Herrenschuhe.»

Zum schönen Schuh gehört edles Material. Cleo Krebs arbeitet gerne mit Leder, sie findet es angenehm – und auch ziemlich praktisch. Denn obwohl man damit sehr genau arbeiten müsse, so könne man notfalls auch ein kleines bisschen «mogeln»: Leder lässt sich ein Stück weit dehnen, es gibt nach, es geht mit. «Manchmal ziehe ich meine Schwester damit auf, dass ich in meinem Beruf mogeln kann und sie nicht.» Denn ihre ältere Schwester hat ein Handwerk gelernt, bei dem Präzision Programm ist: Sie ist Uhrmacherin.

DER GOLDENE BODEN DES HANDWERKS

Viele der früheren Schulkolleginnen und -kollegen von Cleo Krebs besuchen heute eine Mittelschule. «Für sie ist die Berufswahl noch kein Thema», sagt sie. Dass sowohl sie als auch ihre Schwester sich für einen handwerklichen Beruf entschieden haben, kommt nicht von ungefähr. Beide haben von klein auf vermittelt bekommen, dass Handarbeit einen Wert hat, dass kreatives Schaffen packend sein kann und dass Tradition einen Reichtum in sich birgt.

Die Mutter, gelernte Goldschmiedin, ist Schmuckgestalterin und arbeitet mit Urushi-Lack, einem Material, das in Japan seit Tausenden von Jahren verwendet wird, «Wir haben als Kinder viele Stunden in ihrem Atelier verbracht», erinnert sich Cleo Krebs. Der Vater, gelernter Steinhauer, ist Spezialist für Sumpfkalkböden und -wände und gefragt bei Renovationen historischer Gebäude.

Und all das in Twann, dem Winzerdorf mit den mittelalterlichen Häusern, dem Kopfsteinpflaster und der spätgotischen Kirche mit ihrem romanischen Turm. Eine Bilderbuchidylle? «Es ist meine Heimat», sagt Cleo Krebs schlicht.

Zum grossen, urbanen Zürich hat sie ein Verhältnis, das ein bisschen nach «Ja, aber» tönt. Einerseits ertappt sie sich dabei, wie sie in der Schuhmacherei Kundinnen und Kunden auf Zürichdeutsch zu bedienen beginnt. Andererseits stört sie an Zürich, dass «alle immer hinter den neusten Modetrends herrennen. Nichts hat Bestand. Nichts überdauert.»

LETZTE CHANCE FÜR LIEBLINGSSCHUHE

Da ist es doch gut, dass in der Schuhmacherei ein anderer Wind weht. Lehrmeisterin Eva Kirchhofer, 40, hatte als Kind Archäologin werden wollen, und diese Affinität zu alten Dingen hat sich bis heute erhalten. Die älteste der Schuhnähmaschinen stammt aus den Dreissigerjahren des letzten Jahrhunderts. Wertschätzung erfahren aber auch die in die Jahre gekommenen Schuhe der Kundinnen und Kunden.

Wenn kurz vor dem Mittag die Eingangstür aufgeschlossen wird und die Schleifmaschine zu lärmen beginnt, tauchen schon bald die ersten Leute auf. Dreissig bis vierzig sind es täglich, die ihre Schuhe – von Dosenbach bis Prada – aus einer Tüte ziehen und fragend über den grossen Ladentisch strecken. Ein Nein bekommen sie nur selten zu hören. «Wir flicken wirklich fast alles», sagt Cleo Krebs. «Auch wenn die Schuhe bereits mega abgelaufen sind. Wir sind die letzte Chance für Lieblingsschuhe.»

In der Schuhmacherei werden aber nicht nur Sohlen ersetzt, Spitzen erneuert und Absätze repariert. Eva Kirchhofer und ihre Mitarbeiterinnen erfüllen sehr gerne auch ausgefallene Wünsche. Aus normalen Herrenschuhen Tangoschuhe machen? Aber sicher. Die in Spanien gekauften, harten Flamencoschuhe auspolstern? Kein Problem.

Zu den Kunden gehört auch das Zürcher Schauspielhaus. «Wenn ein Schauspieler für eine Aufführung einen Schuh benötigt, in dessen Absatz

ein kleines Fach eingebaut ist, aus dem Rauch dringen soll, dann machen wir das», sagt Cleo Krebs. «Oft kommen die Theaterleute mit wirklich speziellen Anliegen zu uns. Wir entwickeln dann zusammen Lösungen, alle denken mit. Das ist total spannend.» Und manchmal sei es gerade gut, wenn sie als Berufsanfängerin naive Fragen stelle, weil man so mitunter auf neue Ideen komme.

AUF DER SCHULBANK

In ihrem ersten Lehrjahr hat Cleo Krebs sich bisher vor allem in der Kunst des Flickens geübt und erste Erfahrungen an der Schuhnähmaschine gesammelt. Einen Tag pro Woche reist sie nach Zofingen AG an die dortige Berufsfachschule, die von allen angehenden Schuhmacherinnen und Schuhmachern aus der Deutschschweiz und aus Liechtenstein besucht wird.

Von den sechzehn jungen Frauen und Männern in der Klasse von Cleo Krebs absolvieren zwölf die Ausbildung zum Orthopädieschuhmacher, in welcher gesundheitliche Aspekte im Vordergrund stehen: Es geht ums Herstellen von Spezialschuhen und Schuheinlagen, welche die Fussstellung oder Körperhaltung der Träger korrigieren.

«Für mich wäre das nichts», sagt Cleo Krebs. In der Orthopädie werde oft mit Material gearbeitet, das ihr überhaupt nicht gefalle, wie etwa geschäumtem Gummi. «Ich habe es gerne ästhetischer.» So lernt sie zusammen mit drei Kolleginnen und Kollegen das «ganz normale» Schuhmacherhandwerk und freut sich sehr auf den Moment, wenn es in der Ausbildung nicht mehr nur ums Flicken von Schuhen geht, sondern auch ums Herstellen.

ZUKUNFTSMUSIK

Die Schuhmacherei sei ein so grosses und weites Feld, dass sich nie und nimmer alles, was dazugehöre, in der drei Jahre dauernden Lehre erlernen lasse. Da ist sich Cleo Krebs bereits jetzt ganz sicher. Sie ist deshalb schon am Ende des ersten Lehrjahrs bereit fürs spätere Weiterlernen. «Natürlich kann man Schuhe nicht grundsätzlich anders konstruieren», sagt sie. «Aber es gibt viele verschiedene Varianten, vor allem punkto Form.»

Je nach Land gebe es da ganz unterschiedliche Schulen. Und diese möchte sie unbedingt kennenlernen, und zwar vor Ort, vielleicht in England, vielleicht in Italien. Immer auf der Suche nach dem ultimativen, «mega schönen» Schuh.

MORIZ ERNI LERNT LANDWIRT IM KANTON ZÜRICH. DAS ZWEITE LEHRJAHR VERBRINGT ER AUF EINEM BAUERNHOF IN ZWEIDLEN, EINEM «GEMISCHTBETRIEB», DER GETREIDE UND WEINREBEN ANBAUT UND SCHOTTISCHE URKÜHE ZÜCHTET.

Von Karl Wüst

2556

«Wer nicht gerne Traktor fährt, muss nicht Bauer werden», sagt Moriz Erni, nimmt einen Biss vom Croissant und lehnt sich zufrieden zurück. Wir sitzen an einem Samstagmorgen in einem Zürcher Café und Moriz, der in der Stadt Zürich aufgewachsen ist, erzählt, wie er schon als Bub jeweils in den Ferien bei einem Bauern in Amden mitgeholfen hat. «Draussen sein, der Umgang mit Tieren, das hat Spass gemacht.» Schon damals habe er sich entschieden, Bauer zu werden. Den Wunsch hat Moriz umgesetzt, bereut hat er es noch nie.

Szenenwechsel: Zweidlen Bahnhof. Der Zug fährt ein. Im laufenden Traktor wartet Moriz, T-Shirt, Stiefel, Werkhosen. Er lässt die Tür aufschnappen, sagt grinsend «ein bisschen eng, mein Spielzeug» und fährt los.

Sein Spielzeug, das wird sich zeigen, ist eine elefantöse Arbeitsmaschine, ohne die nichts geht. Im Takt ihres brummenden Motors vibriert sie gewaltig. Moriz ist vertraut damit. Mit der einen Hand dreht er locker das Lenkrad, mit der anderen schaltet er, dazu liefert er Stichworte zur Gegend und zum Lehrbetrieb: Winterweizen, Grasland, die Reben, «unser Wald». Schliesslich parkt er beim Bauernhof der Familie Maag in Zweidlen Dorf, wo er das zweite Lehrjahr absolviert und unter der Woche auch wohnt.

DIE MILCHFLASCHE FÜR DAS KALB

Den Umgang mit Tieren, den hat Moriz hier. Und erst noch mit ganz besonderen. Andreas Maag hat vor zwölf Jahren als erster Bauer der Region damit begonnen, weisse Galloways, schottische Urkühe, zu züchten. Zurzeit besitzt er rund fünfzig Stück. «Die Galloways wachsen nur halb so schnell wie normale Mastrinder», sagt Maag, dafür sei ihre Haltung extensiv: «Sie sind robust, selten krank, brauchen keine Antibiotika, halten sich ganzjährig draussen auf und fressen nur Heu und Gras.» Die Kühe verkauft Maag in die ganze Schweiz, die Munis lässt er im Alter von zwei Jahren schlachten. Das Fleisch vermarktet er in der Region Glattfelden.

Auf dem Hof hält Maag die Tiere in einem gedeckten Unterstand mit

Auslauf unter freiem Himmel. Die jungen Munis liegen isoliert in einem eigenen Abteil, «weil sie sonst ständig hinter den Kühen herrennen, wenn die stierig sind», erzählt Moriz. Dabei streichelt er «sein Kalb». Der Bauer hat es ihm anvertraut, weil die Mutterkuh gestorben ist. Anvertraut heisst: Moriz gibt dem Tier seit acht Monaten am Morgen, Mittag und Abend die Milchflasche. «Es hört auf mich. Wenn ich rufe, kommt es», sagt er voller Freude, während ihm das Kalb die Hand leckt.

Viel Zeit für Liebkosungen bleibt allerdings nicht. Die Kühe strecken jetzt wie auf Kommando die Hälse, muhen langgedehnt und so ohrenbetäubend, dass man sein eigenes Wort nicht mehr versteht. Sie wollen gefüttert werden. Und Moriz serviert – mit dem Traktor. Daran ist eine Zange montiert. Sie öffnet sich, packt einen Ballen Heu, Moriz fährt zum Futtergitter und setzt ihn vorsichtig ab. Als zweiten Gang legt er einen feuchten Ballen Silogras dazu. Die Hektik im Unterstand legt sich, gefrässige Ruhe kehrt ein.

Schon in der Sekundarschule hat sich Moriz entschieden, die dreijährige Lehre an drei verschiedenen Orten zu absolvieren: das erste Jahr in Dübendorf, das zweite in Zweidlen und das dritte auf dem Strickhof im zürcherischen Lindau. Dieser Ausbildungsbetrieb gehört zum Amt für Landschaft und Natur (ALN) der Baudirektion des Kantons Zürich. Hier wird Moriz seine Ausbildung zum Landwirt EFZ praktisch und theoretisch abschliessen.

Die Berufsschule besucht Moriz schon jetzt auf dem Strickhof. Was er in den Fächern Tierhaltung, Pflanzenbau, Mechanisierung und Agrarwirtschaft lernt, kann er auf dem Bauernhof in Zweidlen Tag für Tag praktisch anwenden. Die Schule und die Arbeit auf dem Bauernhof würden sich gut ergänzen, sagt Moriz. Was er beim Beruf Landwirt auch schätzt, sind «die guten Weiterbildungsmöglichkeiten».

Mit der Berufsmaturität, die er nach der Lehre erwerben will, könnte er beispielsweise eine Fachhochschule besuchen. Konkrete Pläne hat Moriz allerdings noch nicht. «Vielleicht gehe ich auch zuerst ins Ausland», sagt er. Das Weitere werde sich finden.

«DIE ARBEIT IST TOTAL VIELFÄLTIG»

Vorderhand ist Moriz noch voll und ganz in Zweidlen, und das sehr gern, «weil die Arbeit hier mega vielfältig ist». Sein Hof sei «ein Gemischtbetrieb», sagt Bauer Maag. Auf insgesamt 35 Hektaren Land bauen er und seine Leute nach den Qualitätskriterien der Integrierten Produktion (IP) Getreide und Weinreben an, halten Tiere und bewirtschaften Wald.

Zusätzlich zum Bauernbetrieb führt Maag eine mit dem Bio-Label ausgestattete Kompostieranlage. Er hat dafür eine eigene Firma gegründet, die Komposta Natura GmbH. Davon profitiert auch der Stift. Moriz erwirbt sich so ganz spezielle Kenntnisse.

Die Kompostieranlage ist nicht nur unternehmerisch, sie ist auch räumlich vom Bauernhof getrennt. Sie liegt unter dem gewaltigen Betonviadukt der A50, der Umfahrung Glattfelden. Im Auto des Bauernsohns Raphael Maag erreichen wir die Anlage in wenigen Minuten. Moriz fährt mit dem Frontlader hin, einem Traktor mit Schaufel. Darin transportiert er Werkzeug und einen Dieseltank, den er mit einem Spannset festgebunden hat.

Der «Chef» hat ihm den Auftrag erteilt, die Maschinen der Anlage zu warten und kleinere Reparaturen vorzunehmen. «Ein Bauer ist auch Mechaniker», sagt Moriz. Er tankt den Pneulader voll, ein Ungetüm mit Riesenschaufel. «Extrem, was man mit dem herumschieben kann», schwärmt er.

Diesel braucht auch der Schredder, die achtzehn Tonnen schwere, mit einem «Riesending», nämlich einem V8-Mercedes-Motor ausgerüstete Hackmaschine. «Der Motor tönt mega», sagt Moriz und öffnet die Tür zum Tank, «fünfhundert Liter fasst er».

Als nächstes wechselt der Stift einen defekten Schlegel aus. Dazu erklärt er, wie Kompost entsteht. Im Schredder wird das angelieferte Grüngut grob zerkleinert. «Das können Äste sein oder Pferdemist», sagt Moriz. Dann werden die Abfälle grobgesiebt, feingeschreddert und schliesslich feingesiebt.

«Vierzig-Millimeterfeingesiebt», ergänzt Raphael Maag. Zu grossen Haufen aufgeschichtet, dampft das Material vor sich hin. Bakterien und

Pilze zersetzen die Masse und produzieren Wärme. Die Temperatur im Innern steigt bis auf achtzig Grad. Nach vier bis fünf Monaten ist der Gärprozess abgeschlossen. Das Material wird nochmals gesiebt, «auf zehn Millimeter», so Maag, und ist nun Kompost, der als Dünger im Garten und in der Landwirtschaft eingesetzt wird.

Moriz hört sehr genau zu. Für die Schule verfasst er zur Kompostieranlage ein Dossier mit Text und Bild und ist deshalb froh über jede Information. Er weiss aber auch, dass er ohnehin noch einiges zu lernen hat. «Ich kann schon sehr viele Arbeiten übernehmen, einen Betrieb führen könnte ich aber noch nicht», sagt er. «Dazu braucht es vertieftes Wissen, Erfahrung und Weiterbildung.»

Raphael Maag, der vor der Meisterprüfung steht, betont die Bedeutung bodenbiologischer Kenntnisse. Biologie komme in der Berufsschule zu kurz. «Hier solltest du dich weiterbilden», empfiehlt er Moriz.

DER TRAKTOR BOCKT

Szenenwechsel: «Ein Muni ist auf der Weide abgehauen, durch eine Lücke im Zaun.» Moriz' Stimme am Handy tönt gelassen. Er hat gelernt, dass einem auf dem Bauernhof die Natur immer wieder einen Strich durch die Rechnung macht. Schon bald ist das Problem gelöst, der Bauer hat das Tier eingefangen. Und so kann sich Moriz nun seiner vorgesehenen Aufgabe widmen: dem Ackern.

Er besteigt den Traktor, an den er ein Frontgewicht aus Beton befestigt hat. Rückwärts fährt er in den Schuppen, wo der Pflug steht. In der Führerkabine spielt Radio Energy lebensfrohen Berner Rock – «egal was d Zuekunft alles bringt». Ebenso gut gelaunt hüpft Moriz vom Traktor und koppelt den Pflug an. Millimeterarbeit. Einige Anläufe braucht er, vor- und rückwärts manövriert er den Traktor, dann sitzt das schwere Ackergerät fest.

Jetzt könnte es eigentlich losgehen. Aber es zeigt sich, dass sich nicht nur die Natur, sondern bisweilen auch die Mechanik querstellt und den Tagesplan über den Haufen wirft. Der Pflug lässt sich nicht in die gewünschte Höhe hieven. «Irgendwas klemmt», sagt Moriz, jetzt ein bisschen nervös. Vorsichtig fährt er aus dem Schuppen, gibt Gas, der Pflug geht hoch. Nimmt Moriz aber Gas weg, gleitet der Pflug langsam zu Boden. «Es liegt vermutlich an der Hydraulik», meint Raphael Maag, der auf den Platz gefahren ist. Das Vorhaben wird abgebrochen. Moriz entfernt das Betongewicht und fährt den Pflug zurück in den Schuppen.

LANGE ARBEITSZEITEN

«Schade», findet Moriz. Gerne wäre er aufs Feld gefahren. Dort, wo er die Erde hätte umpflügen sollen, werden später Sonnenblumen angepflanzt. «Ein Grundnahrungsmittel, wie alles, was wir produzieren.» Die Landwirtschaft sei dazu da, die Bevölkerung zu ernähren, sagt Moriz. Getreide, Milch, Gemüse, Fleisch, «das alles ist lebensnotwendig». Er sei deshalb stolz, Bauer zu werden.

Durchschnttlich arbeitet Moriz – die Berufsschule mitgerechnet – gut fünfzig Stunden die Woche, deutlich mehr als Lehrlinge in anderen Berufen. Das macht ihm aber nichts aus. «Wer diesen Job macht, muss gerne arbeiten», erklärt er.

Die Arbeit sei so vielfältig, langweilig werde es ihm nie. Sagts, hängt einen Wagen mit Holzpfählen und einer Rolle Kunststoffseil an den Traktor und fährt los. Raphael Maag hat ihm den Auftrag erteilt, entlang einer Wiese in der Nähe einen Zaun zu ziehen. Und schon bald hört man die Hammerschläge.

MUSIK IST SEIN HANDWERK – SO KÖNNTE MAN DAS BERUFSMOTTO DES ANGEHENDEN BLASINSTRUMENTEN-REPARATEURS ERICH ZWYER IN LUZERN BESCHREIBEN: ER REPARIERT UND ÜBERHOLT DIE INSTRUMENTE NICHT NUR, ER BLÄST SIE AUCH.

Von Bruno Rauch

Luzern – das ist nicht nur KKL und Kapellbrücke. Luzern ist auch ein Mekka der Guggenmusigen. Für jeweils drei «rüdige» Tage im Jahr tauchen sie, ausgelöst durch den Urknall am Schmutzigen Donnerstag, die Leuchtenstadt in eine infernalisch-himmlische Kakofonie.

Nach dem Drei-Tage-Marathon dürfte allerdings nicht nur mancher Schränzer und Gugger etwas lädiert aus der Wäsche gucken, auch das eine oder andere Instrument hat wohl im Trubel ein wenig gelitten: Da läuft der Zug einer Posaune nicht mehr wie geschmiert, dort klemmen die Ventile eines Kornetts, hier hat der Schallbecher einer Tuba eine Delle abgekriegt.

Oder der Stimmbogen einer Trompete hat den Fasnachtstrubel nur dank einer Notoperation mittels Isolierband überstanden. «Kann man das reparieren?», fragt der Jüngling, der eben die Werkstatt im ersten Stock des Musikhauses Hug am Kapellplatz in Luzern betritt, unter dem Arm eine Trompete. Er löst den besagten Stimmbogen vom Korpus und streckt ihn Erich Zwyer hin, der mit seiner langen, schwarzen Arbeitsschürze fast aussieht wie der Kellner eines In-Restaurants. Zwyer lässt das Teil prüfend durch die Finger gleiten und schüttelt den Kopf. Reparieren liesse sich das Ding schon. Aber das käme viel zu teuer.

Statt dessen öffnet er eine flache Schublade in seinem Arbeitstisch, fingert kurz darin herum und befördert ein gebogenes kurzes Messingrohr zutage: «Könnte passen.» Als er den Stimmbogen am Instrumentenkorpus aufsetzten will, zeigt es sich, dass er nicht schlecht geschätzt hat. Zwei, drei gezielte Schläge auf einen ins Rohr eingeführten Bolzen erweitern die Rohröffnung um Haaresbreite, sodass sich das Teil nun problemlos aufsetzen lässt: «Voilà!»

Glücklich, mit 39.50 Franken davon gekommen zu sein, verlässt der Trompeter das Geschäft. Auch Erich Zwyer freut sich, dass der Kunde zufrieden ist. Verkaufen und Beraten ist kein unwichtiger Teil seines Metiers. Und wenn man Erich zuhört, spürt man sofort, dass er das gut kann: Er ist nicht ausschliesslich der Bastler und Tüftler, der sich am liebsten hinter der Werkbank versteckt und still vor sich hin werkelt; er schätzt auch den Kundenkontakt.

Das souveräne Auftreten hängt unter anderem auch mit seinem Alter zusammen. Erich, 23-jährig, hat vor der Lehre das Kollegium Altdorf seines Heimatkantons Uri besucht, sich aber nach der Matura, statt an die Uni zu wechseln, für eine praktische vierjährige – in seinem Fall jedoch um ein Jahr verkürzte – Berufslehre entschieden: als Blasinstrumentenbauer, Fachrichtung Reparatur.

«Ich war damals schon einundzwanzig, weil ich dazwischen die RS machte – natürlich beim Spiel.» Dass er nicht mehr sechzehn war, als er die Lehre antrat, empfindet er nicht als Nachteil. Man erwarte einiges von ihm, übertrage ihm aber im Gegenzug auch eine gewisse Verantwortung. Im Betrieb ist er fast eher Kollege als Lehrling.

VOM HORN ZUR TUBA

«Ersten Kontakt mit der Musik und Instrumenten hatte ich schon als Primarschüler bei der Dorfmusik meines Heimatorts Sisikon, die eine Gratisausbildung für angehende Bläser anbot.» Dort begann Erich mit Es-Horn – aber diese ewigen Begleitfiguren um-ta, um-ta fand der musikalische Junge bald einmal fad. Über das Eufonium, ein etwas tieferes und grösseres «Horn», kam er schliesslich zur Tuba, dem tiefsten der Blechblasinstrumente, die er dann in der «Kollegimusik» spielte.

Doch im dritten Jahr der Mittelschulzeit war Erich nahe daran, die Schule abzubrechen. Eine Kochlehre schien ihm, der sich noch heute am Wochenende gerne mal an den Herd stellt und Familie und Freundin bekocht, damals eine bedenkenswerte Option.

Aber dann habe doch die Erziehung und die – vor allem väterliche – Ermahnung Wirkung gezeigt. Nämlich: dass man einmal Begonnenes auch zu Ende führe. Also habe er sich durchgerungen und die Maturitätsprüfung hinter sich gebracht, was er im Nachhinein durchaus positiv bewertet.

Parallel dazu besuchte er einmal pro Woche den Vorkurs am Konservatorium und nahm Lektionen beim bekannten Tubaspieler des Zürcher Tonhalle-Orchesters, Simon Styles. Damit war eigentlich eine Karriere als Berufsmusiker vorgespurt.

Aber wollte er das wirklich, fragte sich der Junge. Und kam zum Schluss, dass fünf, sechs Stunden Üben pro Tag nicht seinem Naturell entsprächen. Zudem: «Selbst nach einem tollen Master-Abschluss muss man sich bei jedem Vorspiel für eine Orchesterstelle gegen eine nicht geringe Konkurrenz durchsetzen. Eine Vorstellung, die mir ganz und gar nicht behagte.»

Mit verschiedenen Jobs – zum Beispiel beim kantonalen Tiefbaubamt – suchte Erich herauszufinden, was ihm letztlich zusagen würde. Schon während der Mittelschulzeit hatte er auch immer wieder in der kleinen Filiale von Musik-Hug – eigentlich eher einem Atelier für die Reparatur von Blechblasinstrumenten – ausgeholfen.

Dort wurde dem aufgeweckten Jüngling bald immer mehr Verantwortung übertragen. Und als er schliesslich einmal sogar während eines Sommers in der Werkstatt eingesetzt wurde, da «machte es Klick». Denn im Gegensatz zum Studium zeigte sich hier am Abend klar, was man tagsüber geleistet hatte: das Instrument glänzt, die Züge laufen rund, der Ventile schliessen sauber – in diesem Beruf fand er die für ihn ideale Verbindung zwischen Hobby und Beruf: «Man muss doch ein repariertes Instrument auch ausprobieren können!»

EIN JUNGER DIRIGENT

Die «Konservatoriums-Schiene», wie er sagt, halte er sich aber im Hinterkopf immer noch offen. Er habe mittlerweile nämlich wieder vermehrt Lust zu üben: «Statt den Feierabend im Fitnessstudio oder auf dem Sportplatz zu verbringen, übe ich zwei Stunden und bin danach genauso verschwitzt und geschafft.»

Ein Musikstudium mit Schwerpunkt Dirigat wäre eine attraktive Perspektive. Mit diesem Ziel hat er bereits Dirigierkurse bei kantonalen Blasmusikverbänden absolviert; erste Erfahrungen als Dirigent hat er ebenfalls: Der 23-Jährige leitet seit gut drei Jahren die Musikgesellschaft Morschach, wo von den dreissig Musikern gut zwei Drittel Frauen sind.

«Eine Super-Erfahrung», meint er. «Aber zu Beginn ‹ä uhuärä Stress›. Du stehst da vorne, alle Augen sind auf dich gerichtet, du schwimmst in der Partitur, und am Schluss warten alle darauf, dass du eine intelligente Kritik ablieferst, aber natürlich so, dass sich niemand betupft fühlt. Da war ich anfangs recht gefordert; doch jetzt geht's schon ganz gut.»

Erichs Witz, seine umgängliche, unverkrampfte Art und seine Gabe, auf Leute zuzugehen, haben ihm die Aufgabe erleichtert. Dies kommt ihm auch in den berufskundlichen Blockkursen zugute, die er mehrmals im Jahr zusammen mit den Musikinstrumentenbauern und -reparateuren aus der ganzen Schweiz im Ausbildungszentrum Arenenberg am Bodensee besucht.

Dort erwerben sich auch die Orgel- und Klavierbauer sowie die Orgelpfeifenbauer ihr Fachwissen zu Themen wie Akustik, Pneumatik, Materialkenntnis, Baustil- und Instrumentenkunde und Mensurationslehre, also die Lehre über den Zusammenhang zwischen Dimension, Frequenz und Tonhöhe des Instruments oder der Orgelpfeife. Übrigens: Die Geigenbauer haben ihre Berufsschule in Brienz.

Das einzige Schulfach, das Erich anfänglich Mühe machte, ist das sogenannte Fachzeichnen. Hier werden Konstruktionspläne für die einzelnen Teile eines zu fertigenden Instrumentes exakt aufgezeichnet. Auch wenn heute die meisten Instrumente seriell hergestellt werden, muss der Reparateur mitunter doch Ersatzteile für alte Instrumente einzeln anfertigen, aus Metall in Form von Vollmaterial oder Blech oder aus Holz.

Damit ist der künftige Berufsmann bei seinem eigentlichen Handwerk angelangt. Sein zentraler Arbeitsplatz ist die Werkbank. An ihrer Stirnwand warten diverse Werkzeuge, deren Gebrauch sich der Laie kaum ausdenken kann, griffbereit auf ihren Einsatz. Darunter sind Schraubenzieher jeglicher Dimension, feine Zangen, Feilen und Hämmer mit langen Stielen und gerundeten Köpfen noch die einleuchtendsten. Auch die Funktion von Lötkolben und Bunsenbrenner kann man sich noch vorstellen.

Dazu kommen eigenartige Ausricht-Eisen in Schaufel- und Sichelform, die zum Richten eines verbeulten Schalltrichters dienen. In einer Schublade zeigt Erich auf einen Satz von unterschiedlich grossen Metallkugeln, deren Funktion man sich nicht erklären kann. Erich schmunzelt

und lässt eine Kugel ins gebogene Rohr eines Waldhorns gleiten. Dann fährt er mit einem starken Magnet über dessen Aussenwand, um durch die Hin- und Her-Bewegung das Blech zwischen Kugel und Magnetkopf zu glätten und, wo nötig, auszubeulen – quasi die filigrane Variante des Ausbeulens eines Kotflügels.

Das Zieh-Eisen, eine Metallplatte mit unterschiedlich grossen Rundlöchern, taugt zum Verengen eines Rohrs, wogegen die Konusse in verschiedener Stärke dazu dienen, ein Rohr auszuweiten.

HOLZ ODER METALL – DAS IST DIE FRAGE

Im hinteren Teil der Werkstatt liegt der Nassraum, wo sich das Säurebad befindet, in welchem das zerlegte Instrument gereinigt wird. Daneben gibt es auch ein Ultraschallbehältnis und einen Wassertrog, wo die Teile gewaschen und gespült werden. Die Poliermaschine, wo die gereinigten und gegebenenfalls neu versilberten Teile auf Hochglanz gebracht werden, und eine traditionelle Drehbank, die zum Schleifen, Drehen, Bohren und Einspannen der Instrumententeile dient, vervollständigen das Inventar.

Delikat wird Erichs Tätigkeit, wenn es darum geht, eine Klappe oder ein Ventil zu justieren oder bei Bedarf ganz zu ersetzen. In solchen Fällen kann man selten auf ein vorgefertigtes Ersatzteil ab Stange zurückgreifen, sondern muss dieses – wenn auch teilweise aus Halbfabrikaten wie Röhrchen, Stängelchen, Federn und Metallplättchen – in pingeliger Handarbeit selbst herstellen oder abändern. Da geht es um Präzisionsarbeit, die einiges an Konzentration und Geduld erfordert.

Der Kollege vom Arbeitsplatz nebenan – er hat sich im Gegensatz zum «Blechbläser» Erich auf die Holzblasinstrumente spezialisiert – hat soeben ein solches Teil gefertigt: die unterste Klappe, die für den offenbar zu kurzen kleinen Finger der Klarinettistin mühsam zu bedienen war, musste neu angefertigt werden. Jetzt hat der Reparateur eine Klappe mit einem längeren Hals gemäss der Ergonomie der Kundin gebaut, hat diese Klappe beim Galvaniseur versilbern lassen und muss sie nun mit einer von Leder oder sogenannter «Fischhaut» überzogen Filzrondelle polstern, bevor er sie wieder am Instrument appliziert.

Vor ein paar Wochen hat Erich Zwyer ein Praktikum am Zürcher Hauptsitz der Firma Hug absolviert und dabei eine interessante Beobachtung gemacht: Nicht nur die Kundschaft, auch ihr Umgang mit den Instrumenten ist anders. Hier, in der Zentralschweiz, ist man zurückhaltender mit der Anschaffung teurer Instrumente für die Kinder. In Zürich kauft man bald einmal eine Silberflöte, wenn der Sprössling nur schon ein paar akkurate Tonleitern spielen kann.

Umgekehrt sei es beim Thema Reparatur: Hier lässt man die Instrument regelmässiger warten als in der Grossstadt. «Die Werterhaltung scheint der Landbevölkerung wichtiger zu sein», schmunzelt Erich.

DER BERUF DES STEINMETZEN IST EIN JAHRHUNDERTE ALTES, TRADITIONSREICHES HANDWERK. DIE STIFTIN SONJA MONN IN STAAD BEI RORSCHACH FÜHLT SICH IN DIESEM METIER WOHL, AUCH WENN HAUPTSÄCHLICH MÄNNER MIT GROBEM WERKZEUG WIE MEISSEL UND HAMMER ZUGANGE SIND.

Von Bruno Rauch

Wuchtige Blöcke bilden graue Mauern, grossformatige Platten schichten sich zu meterhohen Stapeln. Auf langen Gestellen und Paletten reihen sich Baluster an Teile von profilierten Gesimsen, Sockel und Schäfte an Kapitelle von Säulen. Sogar ein Brunnenbecken ist zu entdecken. Ein Gabelstapler zuckelt mit einer Ladung roh behauener Quader – Treppenstufen? – vorbei. Etwas abseits, überwacht von einem Arbeiter mit gelbem Helm und Gehörschutz, kreischt ein mit Wasser gekühltes Sägeblatt und frisst sich langsam, aber stetig in eine Steinplatte.

Kein Zweifel: Hier geht es um Stein, Stein, und nochmals Stein. Um Sandstein in erster Linie. Um Rorschacher Sandstein, wie er im nahen Steinbruch abgebaut wird. Als hell leuchtende Schneise klafft der Bruch wenig oberhalb der Werkstätten und Lagerräume der Firma Bärlocher im dunklen Forst des Kreienwalds am Nordhang des Rorschacher Bergs. Hier wurde, so heisst es in der Firmenbroschüre, schon vor hundert Jahren Sandstein abgebaut; das reiche Vorkommen soll noch für viele Jahrhunderte Material liefern.

In solchen Dimensionen denkt die siebzehnjährige Sonja Monn nicht. Sie hat vor einem Jahr die Lehre als Steinmetzin angetreten. Der Beruf der Steinmetze gilt als einer der ältesten Berufe überhaupt, und seit Menschengedenken als ausgesprochener Männerberuf: Hammer und Meissel, die hauptsächlichen Berufswerkzeuge, sind Gerätschaften, die, so dachte man über Generationen, besser in eine Männerfaust passen.

Da kann Sonja Monn nur den braunen Rossschwanz schütteln und schmunzeln.

Und mit den vielen Männern am Arbeitsplatz kommt sie gut zurecht? «Ganz am Anfang hat der eine oder andere schon ein bisschen komisch geschaut, aber mittlerweile haben sich alle daran gewöhnt. Für mich war es sowieso nie ein Problem. Wer, wie ich mit drei älteren Brüdern aufwächst, lernt automatisch, sich zu behaupten.» Hier, ausschliesslich unter Männern, zu arbeiten, findet sie sogar ausgesprochen angenehm. «Männer», sagt die junge Frau, ohne mit der Wimper zu zucken, «sind weniger zickig.»

VOM HOLZ ZUM STEIN

Doch dass die Sekundarschülerin dann ausgerechnet diesen Beruf wählte, war schliesslich eher Zufall. Denn: Ihre Familie gehört zu den «Holzigen». «Meine Mutter ist die Tochter eines Zimmermanns, mein Vater ist Zimmermann. Für mich war es schon früh klar, dass ich auch mit den Händen arbeiten wollte.» Mit den Händen – und etwas Kreatives musste es sein. Nur keine Sprachen, dann schon eher Zahlen!

Da Sonja schon immer gern und gut zeichnete, versuchte sie sich in einer Schnupperlehre als Restauratorin, war begeistert von diesen Beruf – aber «der Lehrmeister war schon ziemlich alt und wollte keine Lehrlinge mehr nehmen».

Ihre Mutter habe sie dann auf die Bildhauerei aufmerksam gemacht. Auch das hätte ihr sehr gefallen, doch auch dort winkte man ab. Aber man schickte sie zur Firma Bärlocher. Ein Glücksfall, denn hier kann Sonja genau das einbringen, was sie gerne tut: zeichnen, gestalterisch arbeiten und – nicht allzu viel reden.

Und weniger Angenehmes gibts doch sicher auch in diesem Beruf? Zum Beispiel eine quadratische oder ovale Öffnung in die Abdeckung eines Waschtisches zu fräsen, das stellt man sich nicht wahnsinnig kreativ vor. «Logisch», lautet die lapidare Antwort. Gefolgt von einer bodenständigen Erklärung: «Man kann ja nicht nur Schönes machen, man muss auch Geld verdienen.»

Das schlösse sich ja nicht wirklich aus, aber man versteht, was die junge Frau mit ihrer pragmatisch-nüchternen Aussage meint. Dennoch gab es in den ersten Wochen der Lehre schon Momente, wo sie ein Werkstück – trotz dessen Gewicht – am liebsten an die Wand gedonnert hätte. Denn: Die Steinbearbeitung braucht Geduld und Durchhaltevermögen.

Doch was wäre also das besonders Schöne? Sonja Monn deutet auf das Werkstück, das vor ihr auf der Arbeitsfläche liegt: eine steinerne Konsole für einen Wandbrunnen. Dazu hat sich die angehende Steinmetzin in Kunstbänden und Büchern zu Architektur und Stilkunde inspiriert, hat sich aus verschiedenen Vorbildern einen eigenen Entwurf zusammenkomponiert.

In einem nächsten Schritt modellierte sie aus Lehm ein knapp schuhschachtelgrosses Musterstück und erstellte davon erst eine Negativform und dann, in einem zweiten Arbeitsgang, einen positiven Gipsabguss. Entstanden ist das zierliche Modell des künftigen Bauteils: eine halbkreisförmige Tragfläche, die auf einer s-förmig eingerollten Volute ruht, die ihrerseits auf einem rechteckigen Sockel steht. Das Ganze ist dazu bestimmt, an die Wand montiert, eine halbe Brunnenschale zu tragen.

Das Anfertigen des Gipsmodells habe sie ans «Werken» erinnert, damals ihr liebstes Schulfach, sagt Sonja. «Ein solches Modell hilft beim räumlichen Erfassen des Teils», ergänzt Sonjas Lehrmeister Matthias Schumann. «Klar, dass wir heute Modelle und Pläne auch mit CAD-Programmen erstellen.»

Der flachsblonde Sachse, gelernter Steinmetz, hat sich in Italien, wo diese Techniken bis heute von den Vorbildern der klassischen Antike zehren, zusätzlich zum Stein- und Holzbildhauer ausbilden lassen und ist – sozusagen auf dem Heimweg – am «schönen Bodensee hängen geblieben», wie er sagt.

Im Berufsalltag erstelle man solche Modelle nicht jedes Mal, aber als Lehrstück sei es sehr dienlich. Zur Anwendung gelangen solche Abgüsse und Modelle jedoch in der Regel dann, wenn es beispielsweise gilt, an einer historischen Fassade die vom Zahn der Zeit zernagten Schmuckelemente nachzubilden. Renovationen an alten Steinbauten mit ihren Profilen, Fenstergiebeln, Simsen und Ornamenten machen denn auch einen gewichtigen und anspruchsvollen Teil der heutigen Steinmetzarbeit aus. In solchen Fällen arbeiten die Berufsleute oft vor Ort auf dem Gerüst.

Doch zurück in die Werkstatt. Nachdem die dreidimensionale Gestalt des Objekts gefunden ist, erstellt Sonja eine Schablone auf reissfestem Pauspapier. Besondere Sorgfalt erfordern dabei die symmetrischen Partien der schneckenförmig eingerollten Voluten. Mitunter muss eine genau vermasste technische Zeichnung erstellt werden; jetzt, für die Übungsarbeit, genügt eine Werkskizze. Diese wird durch Punktieren und Abmessen mit Zirkel und Massstab aufs Werkstück übertragen.

GESCHIRR MIT SELTSAMEN NAMEN

Dann endlich gehts an den Stein. Der Sandstein ist ein idealer Werk- und Übungsstoff, da er weicher zu bearbeiten ist als etwa Granit oder Marmor. Als erstes wird die Rohform aus dem etwa vierzig Zentimeter hohen Quader gehauen. Zum Einsatz kommt dabei als erstes das Beizeisen, um den sogenannten «Schlag» anzulegen, jene Konturlinie, die das abzutragende Material vom endgültigen Korpus trennt.

Dann wird mit einem gröberen Meissel, auch Schlageisen genannt, das überschüssige Material, der «Bossen», abgetragen. «Dabei habe ich mir am Anfang schon mal blaue Flecken geholt», gesteht Sonja. «Und Muskelkater!»

Auch das lange Stehen habe ihr sehr zugesetzt, sodass sie sich, kaum zu Hause, habe hinlegen müssen. Aber sie wollte sich und ihrer Umgebung beweisen, dass sie nicht klein beigibt und auch kann, was Männer können. Zudem ist es am Anfang der Lehrzeit Ehrensache, dass man selbst für die Grobgestalt nicht die elektrischen Werkzeuge benützt, die dem späteren Berufsmann die Arbeit erleichtern.

Auf diese Weise arbeitet sich die Steinmetzin langsam an die gewünschte Form heran. Je nach Arbeitsgang oder gewünschter Oberflächenstruktur verwendet sie dazu unterschiedliche Werkzeuge, die sie als «Geschirr» bezeichnet. Das sind einerseits verschiedene Geräte mit wunderlichen Namen wie Krönel, Zahn-, Bossier- und Scharriereisen sowie, andererseits, die nach Form und Funktion unterschiedlichen Schlagwerkzeuge, die natürlich nicht banal Hämmer heissen, sondern Fäustel und – mit dickem Kopf aus Kunststoff oder Holz-Knüpfel. «Ja, auch mir hat anfänglich der Kopf geschwirrt», beruhigt Sonja, als sie die Verwirrung des Besuchers feststellt.

Aber nicht nur Arbeitstechniken und Gerätschaften gilt es, im Verlauf der vierjährigen Lehre kennen und anwenden zu lernen. Auch die verschiedenen Gesteinsarten der Schweiz und deren Eigenschaften muss eine Steinmetzin kennen. Ebenso muss sie imstande sein, eine saubere Konstruktionszeichnung anzufertigen. Auch die verschiedenen Stilepochen mit ihren Merkmalen sollen ihr geläufig sein.

STEIN IST NICHT EINFACH STEIN

Mittlerweile hat die Lehre Sonja auch die Augen für das Material geöffnet: Stein ist nicht mehr einfach Stein. Sie versucht herauszufinden, aus welchem Stein dieser Grabstein, jener Brunnen gefertigt wurde. Sie befühlt die Oberfläche, um zu erkunden, wie der Stein bearbeitet wurde. «Es ist plötzlich so», sagt sie, «als ob der stumme Stein erzählen könnte. Ich finde es super, wenn ich meinen Kolleginnen etwas erklären kann, wovon die null Ahnung haben.»

Solches Fachwissen erwirbt Sonja Monn am Gewerblichen Berufs- und Weiterbildungszentrum St. Gallen, das sie einmal wöchentlich besucht und wo neben der Berufskunde auch Allgemeinwissen vermittelt wird – «über Abstimmungen, Politik und so». In ihrer Klasse seien sie elf, davon zwei Steinmetzinnen und eine Bildhauerin; in der anderen Klasse in Bern sitzen acht, ausschliesslich Jungen. «Ich bin megafroh, dass wir drei Frauen sind. So fällt es mir leichter, wenn ich etwas nachfragen muss, wegen der Aufgaben zum Beispiel.»

Die Buben interessieren sie vorläufig nämlich nicht allzu sehr. Ihre freie Zeit verbringt sie als Leiterin einer Mädchengruppe der Jungwacht Blauring – als Ausgleich zur beruflichen Männerwelt, sagt sie. Für den aktiven Sport bei der Leichtathletikgruppe Bodensee hat sie seit der Lehre kaum mehr Zeit, was sie bedauert.

Viel Zeit widmet Sonja dagegen ihrem Cello, sie spielt im Laienorchester ihres Wohnorts, schwärmt jedoch für das finnische Cello-Rock-Quartett «Apocalyptica». Diese vier schwarzgewandeten Jungs, die ihre Celli auf Teufel komm raus traktieren, haben sie schon als Viertklässlerin begeistert und sie überhaupt erst zu diesem Instrument gebracht.

Ein weiterer Abend ist mit Aktzeichnen besetzt, und sollte in der prallen Agenda mal eine Lücke klaffen, würde Sonja gerne Gesangsstunden nehmen; Operette und Musical haben es ihr besonders angetan. «Klassik ist schon okay, aber lieber mag ich neueres Zeugs!» sagt's und beugt sich wieder über das Werkstück mit den antiken Formen.

OLIVIA RITLER, ANGEHENDE GLASMALERIN IN ZÜRICH, LIEBT HEAVY METAL UND DAS ZEICHNEN MIT DEM GÄNSE-FEDERKIEL. WENN SIE ANDEREN VON IHREM BERUF ERZÄHLT, MUSS SIE IMMER VIEL ERKLÄREN, WEIL IHN DIE MEISTEN NICHT KENNEN.

Von Ursula Binggeli

Am Anfang musste Olivia Ritler Freundschaft schliessen – Freundschaft mit dem Material, um das sich in ihrem Beruf alles dreht. Denn Glas ist eine spröde Schönheit; Olivia hatte nicht gleich von Anfang an einen Zugang dazu. Glas sei sehr speziell, sagt sie. «Es ist eigensinnig. Und es ist und auch ein bisschen fies, weil es brechen kann.»

Mittlerweile ist Olivia Ritler im vierten Jahr der Lehre als Glasmalerin und hat ihr Material ins Herz geschlossen. «Ich habe es gerne, weil es so wunderbar leuchtet.» Und auch seine Kantigkeit weiss sie heute zu schätzen. «Damit lässt sich gut etwas Abstraktes herstellen.»

Abstrakt – wie sieben der zwölf Fenster, die Sigmar Polke für das Grossmünster in Zürich geschaffen hat. Drei Jahre lang, von 2007 bis 2009, arbeitete der deutsche Künstler mit Olivia Ritlers Lehrbetrieb, dem Atelier für Glasmalerei und Kunstglaserei der Firma Glas Mäder, an der Umsetzung seiner Entwürfe. Entstanden sind Werke, die von innen heraus zu strahlen scheinen: mit Achaten durchsetzte, traditionell verbleite Fenster neben in moderner Technik geschaffenen, figurativ gestalteten Flächen.

Wie viele der dafür verwendeten Glasplatten und -plättchen sie in ihrem ersten Lehrjahr geputzt und poliert hat, weiss Olivia Ritler nicht genau. «Es waren sehr, sehr viele.» Auf jeden Fall hat sie zu diesen Glasfenstern, wegen denen heute Kunstfreunde von weither nach Zürich pilgern, eine ganz besondere Beziehung. Sigmar Polke starb ein Jahr nach der Vollendung der Fenster.

GEDULD UND KONZENTRATION

Ihre erste Zeit als Stiftin war für Olivia aber vor allem eine Lektion in Sachen Geduld. Denn auch wenn im Atelier immer wieder Künstlerinnen und Künstler ein und aus gehen und kreative Funken springen, so steht im Arbeitsalltag der Glasmalerin doch das handfeste Handwerk im Vordergrund. Und dieses will gelernt sein. Ein buntes Bild herzustellen – sei es für eine Wappenscheibe oder ein Kirchenfenster –, verlangt einen langen Atem. Das Handhaben der Glasstücke und die einzelnen Arbeitsschritte gehen Anfängerinnen und Anfängern zuerst nicht leicht von der

Hand. Alles erfordert viel Übung, ein stetes, beharrliches Wiederholen, Tag für Tag.

Olivia Ritler weiss noch gut: «Man ist am Anfang in allem total langsam und kann sich gar nicht vorstellen, dass man das je lernen wird.» Das Zuschneiden des Glases, das Bemalen, das Brennen im Ofen, das Zusammensetzen mit Bleischienen, das Löten mit Zinn: All das erfordert eine kundige, sichere Hand. Denn Glas ist nicht nur eigensinnig, es verzeiht auch keine Fehler.

Hinzu kommt, dass es mit Materialien bearbeitet wird, die der Gesundheit nicht gerade zuträglich sind: mit bleihaltiger Farbe, mit ätzender Flusssäure. Auch hier gilt es, den Kopf ganz bei der Sache zu haben. Der verantwortungsvolle Umgang mit Gefährdungen am Arbeitsplatz hat einen festen Platz in der Ausbildung.

Das Atelier ist ein Ort konzentrierten Schaffens, auch wenn da ein Lötkolben zischt und dort ein Radio leise vor sich hin dudelt. Auf hohen, mit vielen Regalen versehenen Gestellen lagern Hunderte und Aberhunderte von Glasscheiben in verschiedensten Qualitäten und unzähligen Farbnuancen: violett rot/braun dunkel – violett rot/braun mittel – blau/rot – blau/grau.

Auf den grossen Arbeitstischen ruhen lockere Puzzles aus Glasplättchen, bereit, mit den sogenannten Bleiruten zu einem Bild zusammengefügt zu werden, und im mittleren der drei Räume warten in einer neuen Schmelztechnik hergestellte, auf Entwürfen einer Künstlerin basierende bunte Glasvierecke auf kritische Begutachtung. Überall heisst es: Vorsicht! In Olivia Ritlers Berufswelt ist Zerbrechlichkeit allgegenwärtig.

VIRUS FÜRS GESTALTEN

Wie kommt man dazu, Glasmalerin zu werden und damit einen Beruf zu wählen, in dem es derzeit schweizweit ganze sechs Lernende gibt? Bei Olivia Ritler war es der Zufall, der sie ins Kunstglasatelier führte. «Es war überhaupt nicht so, dass ich schon in der ersten Klasse davon geträumt habe, einmal Glasmalerin zu werden», sagt sie. «Meine Berufswahl verlief nicht so kitschig schön.»

LIVE ACTS

Sie habe aber schon früh gewusst, dass sie einmal etwas Kreatives machen wolle. «Ich trug den Virus fürs Gestalten in mir.» Weil sie ein grosser Kleider-Fan sei, habe sie zuerst Textilentwerferin werden wollen.

Aber da diese Ausbildung vor ein paar Jahren neu auf Fachhochschulstufe angesiedelt wurde, entschied Olivia Ritler sich für ein Praktikum als Bekleidungsgestalterin, wie die einstigen Schneiderinnen heute heissen. Obwohl sie mit dem Nähen, wie sie es als Schülerin im Handarbeitsunterricht gelernt hatte, bis anhin nicht wirklich warm geworden war. «Aber nun kam ich auf den Geschmack.»

Obwohl ihr der Beruf sehr gut gefiel, entschied sie sich dann, die beruflichen Weichen nochmals ganz neu zu stellen. Per Zufall entdeckte sie ein Inserat, in dem eine Lehrstelle als Glasmaler/in ausgeschrieben war. Olivia Ritler reagierte mit Neugier. Malen? Glas? Kunsthandwerk? «Ich hatte vorher gar nicht gewusst, dass es diesen Beruf gibt.» Sie machte sich kundig, bewarb sich – und erhielt prompt die Lehrstelle.

Seither pendelt sie von ihrem unweit von Solothurn gelegenen Wohnort nach Zürich, Tag für Tag. Sie geht um fünf vor sechs in der Früh aus dem Haus, betritt um Viertel vor Acht das altehrwürdige Backsteingebäude der Firma Glas Mäder in einem Hinterhof mitten in Zürich, geht um halb sechs Uhr abends wieder auf den Zug und ist um sieben daheim. «Im Zug höre ich Musik, ich schlafe oder ich schwatze herum. Ich finde das Pendeln nicht beschwerlich.»

EIN HAUCH VON MITTELALTER

Olivia Ritler hat also von der Weichheit der Textilien zur Härte des Glases gewechselt. Und in einen Beruf, der mit Techniken arbeitet, die aus dem Mittelalter stammen. Als Glasmalerin steht sie in einer langen Tradition. Rund tausend Jahre ist es her, dass die sakrale Glasmalerei in der Romanik ihre erste grosse Blüte erlebte. Die Schöpfer der farbigen Kirchenfenster wurden damals nicht selten in den Adelsstand erhoben, so gross war die Wertschätzung, die ihrem Handwerk – und dem glänzenden, leuchtenden Material Glas – entgegengebracht wurde.

In der Gotik erreichte die Glasmalerei einen weiteren Höhepunkt, und im Spätmittelalter kam die grosse Zeit der Wappenscheiben, die von Vertretern bürgerlicher Stände und wohlhabenden Familien in Auftrag gegeben wurden. Jahrhunderte später war es dann der Jugendstil, der Glasfenster wieder grosse Mode werden liess. Und heute setzen zeitgenössische Künstlerinnen und Künstler mit Glas nochmals ganz andere, neue Akzente.

In einem alten Beruf zu arbeiten, sei etwas Spezielles, sagt Olivia. «Es ist cool, so etwas lernen zu können.» Für sie sei die Glasmalerei mittlerweile etwas völlig Selbstverständliches. «Ich kann mir für mich keine andere Tätigkeit mehr vorstellen.» Dass sie etwas Besonderes mache, merke sie vor allem dann, wenn sie nach ihrem Beruf gefragt werde und daraufhin so viel erklären müsse. «Die Leute haben in der Regel keine Ahnung von dem, was ich tue.»

NEUER BLICK AUF ALTES

In der Berufsschule setzt Olivia Ritler sich unter anderem intensiv mit Stilkunde auseinander, mit Heraldik und Kalligrafie. «Wir befassen uns viel mit Geschichte.» Das ist auch deshalb wichtig, weil eine der zentralen Aufgaben der Glasmalerei die Restaurierung historischer Glasbilder ist.

In den Sommermonaten balanciert Olivia Ritler häufig auf Gerüstplanken und baut mit ihren Kolleginnen und Kollegen reparaturbedürftige Kirchenfenster aus, die dann zum Flicken ins Atelier transportiert werden. Ein harter Job sei das, sagt sie. Man arbeite auf dem Gerüst immer leicht vorübergebeugt, weil man den Fensterkitt so sorgfältig wie möglich herausklopfen müsse – eine beschwerliche Tätigkeit. «Es gibt Glasmaler, die fast ausschliesslich auf Baustellen arbeiten. Das wäre nichts für mich.»

Olivia stellt fest, dass sie im Laufe der Ausbildung einen anderen Blick entwickelt hat, dass sie mittlerweile Objekte schön findet, mit denen sie vor der Lehre wenig anfangen konnte – zum Beispiel Wappenscheiben. Sie schaut sie heute mit dem Auge der Kunsthandwerkerin an. «Dass Wappenscheiben mir jetzt gefallen, hat damit zu tun, dass es mir Freude macht, sie herzustellen.»

HIGH HEELS UND HEAVY METAL

Dennoch: Bei ihr daheim würde Olivia Ritler keine Wappenscheibe ins Fenster hängen. Es würde einfach nicht zu ihrem privaten Leben passen. Sie liebt Pferde und das Reiten, sie hört viel Musik, vor allem Heavy Metal – und sie näht. Sie stehe eben immer noch total auf Kleider, sagt sie, und sie liebe es, sich schön zu schminken und schön anzuziehen – «so richtig mit Röckli und High Heels». Wer sie so sehe, komme nie auf die Idee, dass sie manchmal auf Baustellen anzutreffen sei.

Morgen für Morgen schlüpft sie im Atelier als Erstes von der Privat- in die Berufskleidung – bequeme Jeans, T-Shirt, Turnschuhe – und macht sich an die Arbeit. Routine kommt dabei nicht auf, jeder Tag verläuft anders.

Wappenscheiben kreieren, Jugendstilglastüren überholen, Kirchenfenster restaurieren, Künstlerentwürfe umsetzen – «Die Aufträge und die damit verbundenen Tätigkeiten sind ganz verschieden.» Feine Arbeiten, grobe Arbeiten, alles muss so rationell und zügig wie möglich erledigt werden. Auch in der Glasmalerei ist der Kunde König und Zeit Geld.

DACHSHAAR UND GÄNSEFEDER

Aber manchmal scheint die Zeit auch stillzustehen. Etwa dann, wenn Olivia Ritler mit einem Pinsel aus feinstem Dachshaar die bleihaltige Schwarzlotfarbe auf einem Stück Glas verteilt und anschliessend mit einem weissen Gänsefederkiel Muster hineinzuzeichnen beginnt – so wie es schon die ersten Glasmaler vor tausend Jahren taten. Präzise, ruhig, vertieft.

«Das Beherrschen der Feder ist das A und O meines Berufs», sagt sie. Es gehe darum, schön geschwungene Ornamente zu schaffen, mit flüssigem Strich, ohne zu «knittern». «Hier wird sichtbar, ob man gut ist oder nicht.»

Je nach ausgeübtem Druck auf die Feder wird der Strich breiter oder schmaler. Mit dem breiten Strich lassen sich Glanzlichter setzen, Stellen, an denen Sonnenstrahlen hell aufblitzen können. Mit dem schmalen Strich kommen die Strahlen nur ganz reduziert zur Geltung. «Wir Glasmaler», sagt Olivia Ritler, «zeichnen Licht und Schatten.» Und genau an diesem Punkt, im Umgang mit dem Hell und Dunkel, setzt das an, was sie derzeit mit Freude am Entwickeln ist: Individualität in der Tradition – die eigene Handschrift.

DEN WEG AUF DEN WEIN-
BERG VON LEYTRON IM
KANTON WALLIS HAT ILONA
HUNKELER ERST ÜBER
UMWEGE GEFUNDEN. ALS
ANGEHENDE WINZERIN
SCHÄTZT SIE DIE ARBEIT IN
UND MIT DER NATUR.

Von Judith Wyder

In Bern strömten noch gewaltige Regenfahnen aus dunklen Wolken. Doch kaum hat der Zug den Lötschberg-Basistunnel durchstochen, bricht die Sonne durch das Gewölk. Das Wallis ist nicht nur eines der trockensten Täler Europas, sondern auch die grösste Weinbauregion der Schweiz: Wohin man auch blickt an den Südhängen des Rhonetals, überall stehen Reben in Reih und Glied. Viele Rebstöcke wachsen auf kleinen Terrassenparzellen, die durch kunstvoll angelegte Steinmäuerchen begrenzt werden.

SCHÄDLINGE «VERWIRREN»

Ilona Hunkeler, Winzer-Lehrtochter im ersten Lehrjahr auf dem Weinbau-Versuchsbetrieb Leytron, ist als Innerschweizerin hauptsächlich für die Ausbildung südwestwärts gezogen. Angezogen habe sie aber auch das milde Klima, sagt sie. Dank der Offenheit der Menschen hat sich die Zwanzigjährige schnell eingelebt. «Walliser sind sehr gesellig», sagt sie. Manchmal sitze man an einem Tisch mit ein paar Leuten, und wenn man das nächste Mal aufblicke, sässen da plötzlich wieder ein paar mehr.

Ilona wohnt drüben im mittelalterlichen Dorf Saillon, dessen Wahrzeichen, die Burg, im Weingebiet aus der Landschaft hervorsticht. Weiches Licht überflutet nun den stotzigen Südhang oberhalb von Leytron. Die Winzer-Stiftin hat die letzten zwei Tage in den Rebbergen grossflächig Dispenser verteilt. «Wir sagen dazu, eine ‹confusion› verlegen, auf Deutsch: eine Verwirrung.»

Der Duftstoff sorgt beim Traubenwickler, einem Schädling, für sexuelle Verwirrung. Ilona nimmt das Plastikband in die Hand und erklärt: «Bei dieser Verwirrungstechnik mit Sexuallockstoffen, sogenannten Pheromonen, werden die Männchen so lange an der Nase herumgeführt, bis sie nicht mehr in der Lage sind, die Weibchen zu finden und zu begatten.» Folglich gibt es – zum Wohl der Reben – wesentlich weniger Nachwuchs.

Stundenlang ist Ilona am Hang gestanden und hat stets die gleiche Arbeit ausgeführt: die Dispenser durch einfaches Verdrehen der Drahtenden am Rebstock fixiert. Eine monotone Tätigkeit, bei der man nicht viel überlegen, aber dranbleiben muss. Am Abend, sagt die Winzer-Stiftin, sei sie jeweils hundemüde gewesen, aber auch zufrieden mit sich und der Welt. «Ich fühle mich manchmal wie eine Marathonläuferin. Ich weiss, was ich alles leisten kann. Und wenn ich am Ziel bin, geht es mir gut, auch wenn es hart war.»

ALTE WEINSORTEN

Auf dem Weinbau-Versuchsbetrieb Leytron, der zur Eidgenössischen Forschungsanstalt Agroscope Changins-Wädenswil gehört, werden verschiedene Walliser Weinsorten gezüchtet und Daten über deren Wuchskraft und Erträge gesammelt. Die Walliser haben zudem grosse Anstrengungen unternommen, um die Eignung von Rebsorte und Terroir in den verschiedenen Sektoren zu bestimmen. Viele Sorten werden im Weinkanton seit Jahrzehnten oder sogar Jahrhunderten angebaut.

Seit ein paar Jahren sind die alten Weinsorten wieder auf dem Vormarsch: Amigne, Cornalin, Petite Arvine. Auch in Leytron gedeihen die sogenannten autochthonen Weine, alteingesessene Traubensorten, wie Himbertscha, Lafnetscha (Übersetzt: «Trink nicht schon») und Heida auf dem sechs Hektaren grossen Forschungsweinberg.

Ilona ist kürzlich auf den Geschmack gekommen beim Degustieren einer dieser ursprünglichen Sorten. Sie habe zum ersten Mal ein Glas Durize getrunken. «Dieser Wein ist schon ein sehr besonderer Tropfen, einfach herrlich.»

Eine Weinkellerei hat die Versuchsanstalt in Leytron nicht. Deshalb wechselt Ilona im zweiten Jahr in die benachbarte Staatskellerei Wallis, die sich gleich neben ihrem jetzigen Lehrbetrieb befindet. Dort wird sie sich an die fachgerechte Kelterung heranwagen.

Die meisten angehenden Winzerinnen und Winzer würden in der Lehrzeit den Lehrbetrieb wechseln, um sich ein möglichst breites Wissen anzueignen, erklärt Ilona. «Das Können entsteht in unserem Beruf erst mit der Erfahrung.» Mit anderen Worten: «Der Wein ist schnell getrunken, aber es dauert, bis die Trauben Wein sind.»

Den Prozess von der Traube bis zum Wein begleiten angehende Win-

zerinnen und Winzer von A bis Z. Ab dem Frühjahr reisst der Faden der rebbaulichen Tätigkeiten nicht mehr ab: Unkräuter müssen bekämpft und Nebentriebe entfernt werden; nach dem Höhepunkt der Saison, der Traubenernte im Herbst, überwachen die Lehrlinge auch die Kelterung und die Pflege der Weine.

TRAKTOR FAHREN UND HÄMMERN

Eine allzu romantische Vorstellung sollte man vom Winzerberuf nicht haben, findet Ilona. Denn eigentlich arbeite man tagein, tagaus wie ein Bauer, sehr körperlich.

Schwierigkeiten eine Lehrstelle im Wallis zu finden, hatte Ilona als Innerschweizerin keine. Stéphane May, der Lehrlingsausbildner in Leytron, bestätigt, dass er immer wieder Lehrlinge aus der Deutschschweiz ausbilde und gute Erfahrungen damit gemacht habe. Die Sprache sei keine Barriere. Ilona ist auch nicht die erste Frau in der Versuchsanstalt in Leytron.

Und wie kommt Ilona damit klar, als einzige Frau nur mit Männern zusammenzuarbeiten? Es bereite ihr keine Mühe, sagt sie. «Männer kann man auch einmal stehenlassen, wenn sie nerven. Frauen sind da zickiger.» Dennoch müsse man als Frau robust sein. Schweissen, Traktor fahren, hämmern - das alles brauche Kraft und Durchhaltewillen. Und die Arbeit müsse auch gemacht werden, wenn es draussen Bindfäden regne.

NEUE PARZELLEN BEPFLANZEN

Nach der «confusion» des Traubenwicklers macht sich Ilona nun mit ihren Kollegen an das Bepflanzen einer neuen Parzelle. Vorerst tränkt die Stiftin den Boden mit Wasser, damit er weicher wird. Dann bohren die Kollegen mit einer Eisenstange fünfzehn bis zwanzig Zentimeter tiefe Löcher für die Stecklinge, die Jungreben, die Ilona einpflanzt. In den Wintermonaten des letzten Jahres wurden die Stecklinge «veredelt», das heisst: Der Walliser Edelreiser wurde auf ein amerikanisches Unterlagsholz gepfropft, das sich resistent zeigt gegen Rebläuse - eine weltweit angewandte Methode.

Die nächste Arbeit im Grünen, die auf Ilona wartet, wird die «ebourgeonnage» sein, das Erlesen der Triebe. Ilona: «Die überflüssigen und nicht fruchttragenden Triebe werden entfernt, damit weniger Pilzkrankheiten auftreten, und die Laubwand besser durchlüftet wird.»

DER LANGE WEG AUF DEN WEINBERG

Zwei Wochen später gibt es ein Wiedersehen mit Ilona: am Bahnhof in Au am Zürichsee, wo sie im Strickhof die Schulbank drückt. Ilona fällt auf in der Menge. Mit ihren roten Zöpfen, den Tattoos an den Armen und dem braunen Lederkoffer, den sie fest in der Hand hält, während die anderen Schüler einen Rollkoffer hinter sich herziehen.

Wenn man mit Ilona eine Weile spricht, merkt man: Sie ist zwar jung, doch sie weiss für ihr Alter sehr genau, was sie will. Vielleicht, weil sie die Möglichkeit hatte, Verschiedenes auszuprobieren, bevor sie die Lehre als Winzerin im Wallis in Angriff nahm.

Den Weg auf den Weinberg hat sie nämlich erst über Umwege gefunden. Nach der Sek B besuchte Ilona an der Hochschule in Luzern den gestalterischen Vorkurs. Sie habe sich damals zu jung gefühlt für eine Kunstschule, erzählt sie. Und sie stellte fest, dass sie etwas anderes reizte, eine artistische Herausforderung.

Also hörte sie sich um und schrieb sich in der Zirkusschule Sion ein. «Ich fand die Leute dort sehr toll und das Wallis sowieso, aber nach einem Jahr habe ich einen Schlussstrich gezogen.» Mit einer Körpergrösse von annähernd einem Meter achtzig war sie zu gross für eine artistische Schule.

Ilona brach ihre Zelte im Wallis schweren Herzens ab und zog nach Zürich, um eine Ausbildung als Bewegungsschauspielerin anzugehen. Nach einem Jahr wusste sie, dass auch die Bewegungsschauspielerei nicht das war, was sie suchte. Mehr aber wusste sie nicht.

Deshalb legte sie zuerst einmal eine Bedenkpause ein und jobbte in einer Zürcher Konzertbeiz hinter dem Tresen. Dort gefiel ihr die Atmosphäre und vor allem auch die Live-Musik. Der Betreiber liess sie nach einem Jahr nur ungern ziehen. Trotzdem eiste Ilona sich los. Denn sie wusste nun, was sie wollte: Eine Arbeit fernab der Stadt, in und mit der Natur, auf dem Weinberg im Wallis.

BLOCKUNTERRICHT UND SCHULWECHSEL

Die junge Frau marschiert nun strammen Schrittes bergaufwärts. Seit 2012 gehört das Berufsbildungszentrum Wädenswil zum Strickhof. Ausserdem wurde die Lektionenzahl 2009 von 1200 auf 1600 erhöht. Der Winzerberuf liegt allgemein im Trend: Während im Jahr 2006 in der Schweiz 43 Schülerinnen und Schüler die Lehre abgeschlossen hatten, waren es 2010 beinahe doppelt so viele, nämlich 91.

Ilona kommt mit dem Schulstoff – Bodenkunde, Biologie, Chemie, Maschinenlehre, Materialkunde, Rebenpflege, Reben schützen, Sortenkunde, Mikrobiologie – gut klar. An diesem Freitag bestreitet Klassenlehrer Mathias Brunner mit den 24 Männern und drei Frauen, darunter nicht nur angehende Winzer, sondern auch Weintechnologen, den letzten Tag des dritten Blocks. Diskutiert werden die Erziehungssysteme im Weinbau und der Schnitt der Reben.

Während des zwei- bis vierwöchigen Blockunterrichts übernachtet Ilona bei den Eltern im luzernischen Altishofen. Dort muss sie jeweils um halb sechs aus den Federn, um rechtzeitig in Au zu sein.

Nach dem Sommer wird Ilona an der Ecole d'agriculture de Châteauneuf im Wallis den theoretischen Teil absolvieren, weil sie vom Pendeln genug hat. «Natürlich wird der Wechsel für mich schwierig werden. Der Unterricht findet ja in französischer Sprache statt. Aber ich will mich dieser Herausforderung stellen, denn im Grunde kriege ich ja alle Fachbegriffe auf dem Weinberg eh auf Französisch mit.»

Zwei Wochen ist sie nun weg vom Wallis. Weg von den geselligen Menschen, vom milden Klima. Heute Abend fährt sie mit dem Zug zurück in ihre Sonnenstube. «Endlich», sagt sie.

Geschrieben haben die vorliegenden Porträts Mitarbeiterinnen und Mitarbeiter des Schweizer Feuilleton-Dienstes (SFD). Unter dem Titel «Lehrlinge - mitten im Beruf» sind sie im Sommer 2012 von der Schweizerischen Depeschenagentur (SDA) verbreitet worden und konnten so auch in Deutschschweizer Tageszeitungen erscheinen. Solche Sommerserien, auch zur Sprachenvielfalt und zur Verständigung in der Schweiz, publiziert der SFD seit 2003. Finanziert werden sie vom Bundesamt für Kultur (BAK).

Der Verlag bedankt sich herzlich beim Schweizer Feuilleton-Dienst für die grosse Unterstützung bei der Realisierung dieses Buches, insbesondere auch für dessen Offenheit, «für einmal Blicke in die Welt der Lehrlinge zu werfen» (Rudolf Strahm).

Vielen Dank auch der Fotoagentur KEYSTONE für die unkomplizierte und grosszügige Unterstützung: Ihr Fotograf Ennio Leanza reiste vom Bergell bis ins Lötschental, von Basel über Burgdorf bis nach Avenches zu den Arbeitsplätzen der Lehrlinge und brachte eine wunderbare Serie von Fotoporträts nach Hause. Grossen Dank schliesslich den Porträtierten, den Stiftinnen und Stiften, die das Erscheinen des Buches ermöglicht haben.

Im Jahre 2010 erschien im Limmat Verlag der Band «Mutter, wo übernachtet die Sprache? 14 Porträts mehrsprachiger Autorinnen und Autoren in der Schweiz», 2012 «Wenn es um die Wurst geht, kämpfe ich. 16 Porträts neuer Schweizerinnen und Schweizer», beide Bücher ebenfalls aus Sommerserien des Schweizer Feuilleton-Dienstes (SFD) entstanden.

Ursula Binggeli, geboren 1955 in Basel, wohnt und arbeitet in Zürich. Ausbildung am Medienausbildungszentrum (heute: Schweizer Journalistenschule) MAZ. 1986 bis 2000 Redaktorin beim «Beobachter». Seit 2000 freischaffende Journalistin und Lektorin. Mitautorin von: «Grüezi, Salaam, Ciao. Reportagen aus der vielsprachigen Schweiz», Zürich 2006; «Staunen. Spielen. Forschen. Begabungsförderung leicht gemacht», Bern 2009; «Netzwerken und Kunstwerken. Mentoring an künstlerisch-gestalterischen Hochschulen», Bern 2010; «Mutter, wo übernachtet die Sprache? 14 Porträts mehrsprachiger Autorinnen und Autoren in der Schweiz», Zürich 2010; «Wir haben die soziale Arbeit geprägt. Zeitzeuginnen und Zeitzeugen erzählen von ihrem Wirken seit 1950», Bern 2011; «Wenn es um die Wurst geht, kämpfe ich. 16 Porträts neuer Schweizerinnen und Schweizer», Zürich 2012.

Frank von Niederhäusern, geboren 1962 in Pfäffikon ZH, lebt in Uster. Studium der Germanistik, Allgemeinen Geschichte und Volkskunde in Zürich. 1990 bis 1998 Freier Journalist. Seit 1998 Teilzeitredaktor beim «radiomagazin» (seit 2010 «kulturtipp»). Daneben Freier Kulturjournalist. Buchbeiträge u. a. in: «Jazz in der Schweiz», hg. v. Bruno Spoerri, Zürich 2005; «Grüezi, Salaam, Ciao. Reportagen aus der vielsprachigen Schweiz», Zürich 2006; «Schweizer Musikszenen», hg. v. Christoph Merki, Zürich 2009; «Mutter, wo übernachtet die Sprache? 14 Porträts mehrsprachiger Autorinnen und Autoren in der Schweiz», Zürich 2010; «Wenn es um die Wurst geht, kämpfe ich. 16 Porträts neuer Schweizerinnen und Schweizer», Zürich 2012; Liner Notes in CDs von Lucas Niggli, Pierre Favre, Barry Guy u. a.

Bruno Rauch, Dr. phil., Studium Literatur, Geschichte und Musikwissenschaft in Zürich, Paris und Florenz. Freischaffender Kulturjournalist, Dozent VHZ und Ausstellungsmacher in Zürich. Autor von mehreren

Büchern zu kulturellen und geografischen Themen, z. B. «Welche Wonne, welche Lust - ein anderes Opernbuch», Zürich 2001; «Wasserschloss Schweiz» und «Zeitreisen und Panoramablicke», Zürich 2003 bzw. 2004; «Im Herzen des Jura», Zürich 2007, sowie Beiträge in den Programmbüchern der Salzburger Festspiele und des Opernhauses Zürich. Seit 2011 Intendant/Geschäftsführer der Free Opera Company. Mitautor von «Mutter, wo übernachtet die Sprache? 14 Porträts mehrsprachiger Autorinnen und Autoren in der Schweiz», Zürich 2010; «Wenn es um die Wurst geht, kämpfe ich. 16 Porträts neuer Schweizerinnen und Schweizer», Zürich 2012.

Rudolf Strahm, 1943 im Emmental geboren. Berufslehre als Laborant, dann Chemiestudium an einer Ingenieurschule, fünf Jahre Industrie-tätigkeit in der Basler Chemie. Studium in Betriebswirtschaft und Volkswirtschaft an der Universität Bern. Leitung diverser Verbände. Dreizehn Jahre Nationalrat, danach vier Jahre eidgenössischer Preisüberwacher. Seit 2008 pensioniert. Diverse Lehraufträge und mehrere Buchpublikationen. Erhielt 2011 von der Universität Bern den Dr. h. c. www.rudolfstrahm.ch

Karl Wüst, geboren 1955, lebt in Zürich. Studium der Germanistik und Geschichte in Zürich. Seit 1993 leitender Redaktor des Schweizer Feuilleton-Dienstes. Von 2000 bis 2006 freier Autor von Reisereportagen aus der Schweiz für die «Neue Zürcher Zeitung». Mitautor von: «Grüezi, Salaam, Ciao. Reportagen aus der vielsprachigen Schweiz», Zürich 2006; «Mutter, wo übernachtet die Sprache? 14 Porträts mehrsprachiger Autorinnen und Autoren in der Schweiz», Zürich 2010; «Wenn es um die Wurst geht, kämpfe ich. 16 Porträts neuer Schweizerinnen und Schweizer», Zürich 2012.

Judith Wyder, geboren 1966, Studium am Medienausbildungszentrum (MAZ) in Luzern, von 1998 bis 2001 Kulturredaktorin beim Nachrichtenmagazin «Facts». Seit 2001 freie Journalistin in Zürich und Waltensburg-Vuorz mit Schwerpunkt Gesellschaft und Kultur. Publiziert ausserdem regelmässig Reportagen aus (West-)Afrika. Publikationen: «Musikleben in der Schweiz: Rock, Pop, Technokultur», Zürich 2001; «Stille Krise: Das Leben der Gestrandeten aus dem Senegal», Zürich 2007; The Dolder Grand» (Begleittexte), Baden 2009.

Ennio Leanza, geboren 1985, Ausbildung zum Polygrafen (Litho- und Typografie), Diplom-Studiengang Pressefotografie am MAZ in Luzern. Zwischen 2005 und 2008 Layouter, Infografiker und Volontär als Pressefotograf beim St. Galler Tagblatt, heute Fotograf bei der Bildagentur KEYSTONE in Zürich und freischaffend.

Vom Schweizer Feuilleton-Dienst (SFD) erschienen im Limmat Verlag zwei weitere Bände mit Porträts von mehrsprachigen Schweizer Autorinnen und neuen Schweizern.

MUTTER, WO ÜBERNACHTET DIE SPRACHE?

14 Porträts mehrsprachiger Autorinnen und Autoren in der Schweiz

Texte von Ursula Binggeli, Roland Maurer, Beat Mazenauer, Frank von Niederhäusern, Bruno Rauch, Charlotte Staehelin, Willi Wottreng und Karl Wüst, Vorwort von Francesco Micieli, Fotografien von Alessandro Della Bella

Die Schweiz ist ein Eldorado der Mehrsprachigkeit. Das zeigt sich immer deutlicher auch in der Literatur. Viele Autorinnen und Autoren schreiben nicht mehr nur in einer Sprache. Sie greifen zurück auf eine zweite, die ebenso eng mit ihrem Leben verknüpft ist, und publizieren zweisprachige Lyrik, Romane, Geschichten. Oder sie schreiben in einer Landessprache und übersetzen Texte aus ihrer Muttersprache. Oder sie schreiben in ihrer Muttersprache und übersetzen Schweizer Texte. Permanent wechseln diese Autorinnen und Autoren zwischen verschiedenen Sprachwelten hin und her. Die vierzehn Porträts fragen nach den Beweggründen, literarisch in zwei Sprachen zu arbeiten, und danach, was dieses Schreiben in zwei Sprachen für das Schreiben und die Sprache(n) selbst bedeutet.

«Die Schreibenden hegen ein geradezu zärtliches Verhältnis zur Zweitsprache, deren Wörter sie dank dem Wissen ihrer Herkunftssprache anders und gründlicher betrachten, manchmal nicht ohne Skepsis gegenüber dem, was sie vermögen. Inspirierend bleiben auch die Feststellungen zur Differenz zwischen der deutschen Sprache und jener der Kindheit.»
Neue Zürcher Zeitung

«Querdurch ist zu lernen: der Grad an Selbstverständlichkeit und Komfort, den das Wohnen in einer Sprache annimmt, ist bei jedem anders. Mehrsprachige scheinen allgemein mehr von aussen an die Wörter heran zu gehen. Ihr Schreiben in nur einer Sprache atmet stets ein Quantum Fremdsprachlichkeit.» *Schweizer Monatshefte*

WENN ES UM DIE WURST GEHT, KÄMPFE ICH

16 Porträts neuer Schweizerinnen und Schweizer

Texte von Ursula Binggeli, Roland Maurer, Beat Mazenauer, Frank von Niederhäusern, Bruno Rauch, Willi Wottreng und Karl Wüst, Vorwort von Dana Grigorcea, Fotografien von Alessandro Della Bella

In der Schweiz lebt die ganze Welt. Viele Menschen sind eingewandert, waren fremd, sind teilweise immer noch fremd, vermissen ihre ursprüngliche Heimat – und haben doch den Wunsch zu bleiben. Weshalb?

Das vorliegende Buch rückt sechzehn solche Menschen ins Licht, erzählt von ihren Beweggründen, in der Schweiz zu leben, Schweizerinnen und Schweizer zu werden. Unterschiedlich sind diese Beweggründe. Die einen betonen Freundschaften, angenehme Lebensumstände, berufliche Herausforderungen, andere sind notgedrungen in die Schweiz gekommen, weil sie ihre ursprüngliche Heimat aus politischen Gründen haben verlassen müssen. Die einen sind «dankbar», hier zu sein, finden es «toll», hier zu leben und sich einzumischen, andere sind zwiespältiger, haben die Vorbehalte nicht abgelegt. Für sie ist das Leben in der Schweiz nur eine Möglichkeit unter anderen.

«Der bei solchen Texteditionen häufige Eindruck des Gutgemeinten – nebst der Vielfalt des Fremden geht es meist um Integrations- und Akzeptanzprobleme – stellt sich bei diesem schön gestalteten Band nicht ein. Vielmehr blitzt bei den Interviewten Stolz, Keckheit und helle Freude auf, es trotz äusserlicher Andersartigkeit in diesem reichen weltoffenen Land ‹geschafft› zu haben.» *NZZ am Sonntag*

«Der schön illustrierte Band zeigt, dass diese Bilder von der ‹anderen›, legalisierten Schweiz bunt gemischt und vielfältig sind. So können auch gestandene Einheimische erkennen, dass es nur bereichernd ist, wenn die Welt unter uns lebt.» *WochenZeitung WOZ*